KB142128

아리스토텔레스(Aristoteles, 기원전 384~322)

《정치학》에서 논의했던 정치적 문제들을 오늘날 다시 생각해보는 것이
오늘날에도 여전히 유익할까? 그렇다면 그것은 정치적 정의와 법치에 근거한
정치적 행위, 정치적 공동체로의 시민 참여를 의무로 부과하는 것,
공교육에 대한 적극적 의미, 집단 지성의 실현, 자유와 평등에 기반을 둔
공동체의 삶 그리고 공동체 속에서의 개인과 집단의 행복은 무엇이고,
어떻게 그것을 성취할 수 있는지에 대한 실마리가 되어줄 것이다.

플라톤(Platōn, 기원전 427?~347?)
플라톤의 아카데미아에 오랫동안 머물렀던 아리스토텔레스는
플라톤의 주요 정치적 저작들인《국가》,《정치가》,《법률》에 대해
신랄한 비판을 가하면서도 자신의 사상과 정치적 개념들을
《국가》,《법률》등에서 차용했다.

니콜로 마키아벨리(Niccolò Machiavelli, 1469~1527)

《군주론》을 쓴 마키아벨리는 과거의 '상상의 공화국이나 공국'은 더 이상
정치적 행위의 지침으로 받아들일 수 없다고 선언하고, 인간에 대한
'실효성 있는 진리'에 확고하게 뿌리를 둘 수 있는 새로운 정치학을 요구했다.
그럼에도《정치학》에서 다루어진 참주정의 몰락과 보존이란 주제는
마키아벨리의 주된 관심 대상이었다.

토머스 홉스(Thomas Hobbes, 1588~1679)
홉스는 '인간이 자연적으로 정치적'이라는 아리스토텔레스의 핵심적 주장을
거부했다. 고전 학문에 대한 학적 권위를 파괴하려 했던 홉스는
'정치적 자연주의' 입장을 내세웠던 아리스토텔레스에 맞서
국가 기원에 대한 사회계약론적 입장을 내세웠다.

토머스 홉스, 《리바이어던 *Leviathan*》(1651)

홉스는 다음과 같이 《정치학》을 혹독하게 평가했다.

"나는 현재 '아리스토텔레스 형이상학'이라 불리는 것보다 더 터무니없이
자연철학에서 말할 수 있는 어떤 것도 없으며, 그가 《정치학》에서
말한 것보다 더 국가에 대해 모순되는 것도 없고, 또한 그의 《윤리학》의
많은 부분보다 더 무지한 것도 없다고 믿는다."

라파엘로 산치오, 〈아테네 학당〉(1510~1511) 부분.
라파엘로의 방(Stanze di Raffaello), 바티칸 사도궁 소장.
왼쪽 붉은 망토를 걸친 인물이 플라톤, 오른쪽 푸른색 망토를 걸친 인물이
아리스토텔레스이다. 아리스토텔레스의 손에 들린 책은《니코마코스 윤리학》이다.

ARISTOTLE AND HIS PUPIL, ALEXANDER.

샤를 라플랑트(Charles Laplante, 1873~1903),
〈아리스토텔레스와 그의 제자 알렉산드로스〉(1866)

기원전 343년 혹은 342년, 아리스토텔레스는 필립포스 2세의 초청을 받아들여
마케도니아의 펠라에서 수석교수로 머물렀다고 한다. 그러나 알렉산드로스와 아
리스토텔레스의 만남을 확증해주는 문헌은 전해지지 않는다.

2016~2017년의 광화문 촛불 집회
아리스토텔레스는 개인의 행복 추구가 공동체 안에서
'더불어 사는 삶'을 통해 이뤄져야 한다는 점을 강조하면서 정치공동체에
적극적으로 참여하고 발언하는 시민의 역할이 필요하다고 보았다. 광장에
나와 촛불을 든 시민들이 바로 '깨어 있는' 시민의 덕목에 충실한 것이다.

아리스토텔레스 정치학

LEADER'S CLASSICS

아리스토텔레스 정치학

최선의 공동체를 위하여

김재홍 지음

인용 문헌

《정치학》: 아리스토텔레스, 김재홍 옮김, 길, 2017.
《니코마코스 윤리학》: 아리스토텔레스, 김재홍·강상진·이창우 옮김, 길, 2011.

아직도 《정치학》을 읽을 필요가 있는가?

아리스토텔레스 철학에 대한 호불호를 떠나 《정치학》에 대한 관심이 줄어들었다고 해보자. 왜일까? 민주정에 대한 비판, 남성 지배적 권위주의, 여성에 대한 경멸, 노예제 수용, 문화적 또는 언어상의 본성적 인종주의, 게다가 한 공동체에서의 엄격한 시민권의 제한 등, 오늘날의 정치적 상황에 어울리지 않는 지나치게 한쪽으로 기울어진 이런 특정한 정치적 이데올로기 때문이 아닐까?

아리스토텔레스가 살던 당시로 되돌아가서, 그가 논의했던 정치적 문제들에 대해 생각해보는 것이 오늘날에도 여전히 유익할까? 유익한 것이 있다고 하면 어떤 것일까? 정치적 정의와 법치에 근거한 정치적 행위, 정치적 공동체로의 시민 참여를 의무로 부과하는 것, 공교육에 대한 적극적 의미, 집단 지성의 실현, 자유와 평등에 기반을 둔 공동체의 삶 그리고 공동체 속에서의 개인과 집단의 행복은 무엇이고, 어떻게 그것을 성취할 수 있는지에 대한 실마리를 찾아보는 것과 같은 것이 아닐까?

아리스토텔레스의 《정치학》은 정치철학에 대한 근본적인 문제들을 제기하고 있다. 정치적 공동체(폴리스)는 어떤 기원을 통해 형성되고 또 그 목적은 무엇인가? 공동체 구성원의 자격은 어떤 것인가? 누구를 시민이라고 규정해야만 하는가? 어떤 근거에서 우리는 지배와 피지배의 관계로 살아가야만 하는가? 한 공동체에서의 정의는 어떤 바탕에서 이루어져야 하는가? 정치적 정의와 경제적 정의는 어떤 관련성을 맺고 있는가? 어떤 자격을 갖춘 자가 지배자가 되어야 하는가? 그 정당성은 무엇인가?

오늘날 우리가 너무도 당연시 받아들이는 민주주의는 수정 가능하지 않은 정치체제인가? 가장 바람직한 정치체제로서 민주주의가 완벽한 것일 수 있는가? 시민 교육은 공교육 체제로만 이루어져야 하는가? 궁극적인 물음으로, 공동체 속에서 살아가는 우리에게 진정한 의미에서의 '행복'이란 무엇인가?

이런 문제들에 대한 치열한 논의와 철저한 반성은 아직도 유효하며, 여전히 국가라는 공동체 속에서 우리가 풀어가야만 할 숙제일 수밖에 없을 것이다. 정치와 경제를 한데 아우르는 '정치경제학'Political Economy의 효시를 연 아리스토텔레스의 《정치학》은 오늘날에도 정치경제학자들의 연구 대상이 아닐 수 없다. '정치학'의 창시자로서 아리스토텔레스의 《정치학》에서 표명된 정치 이론은 어떤 의미에서 시대에 뒤떨어진 것이라 할 수 있다. 하지만 그의 《정치학》에 빚지고 있는 정치에 관련된 이론들은 역사적 관심이란 측면에서 여전히 유효하다. 나아가 역사적인 관심에 머물지 않고 그것을 넘어, 국가를 경영하는 기술을 포함하는 그의 정치 이론에서 현대 정치학에 기여할 수 있는 시사점을 찾아내는 일도 충분히 의미 있는 작업이다.

《정치학》에 반영된 아리스토텔레스의 생애

어느 철학자라고 그러지 않을 수 없지만, 자신의 출신과 살아 온 역정歷程이 자신의 철학적 사고의 형성에 영향을 미치지 않을 수 없었을 것이다. 더군다나 현실의 정치적 문제를 사상적으로 다루는 학자라면, 자신이 살아온 정치적 배경이 그의 정치사상 전반에 영향을 주었을 것이란 점은 능히 짐작할 수 있다. 이 점은 아리스토텔레스의 경우에도 정확히 해당한다. 《정치학》에도 아리스토텔레스의 생애와 시대적인 정치적 환경과 배경이 어떤 방식으로든 반영되어 있다.

《정치학》에 나타나는 자연주의적 경향과 생물학에 대한 관심은 의사였던 그의 아버지의 영향으로 추정된다. 《정치학》 제1권 제2장에서 피력된 아리스토텔레스의 정치적 자연주의에 기초하는 3가지 기본 테제는 이런 것이다. 첫째, 인간은 자연적으로(본성적으로) 폴리스적 동물이다. 둘째, 폴리스는 자연적으로 존재한다. 셋째, 폴리스는 자연적으로 개인에 앞선다.

《정치학》에서, 그가 냉정하리만치 중립적인 태도로 정치체제에 대해 관찰자의 입장을 취하는 것은 자신이 아테네에서 거류 외국인으로 살 수밖에 없었기 때문일 것이다. 거류 외국인으로서 아리스토텔레스는 아테네 시민이 누리는 정치적 권리를 갖지 못했다.

아리스토텔레스의 고향 스타게이라의 환경과 입지, 영토의 크기, 인구 등은 그가 생각하는 이상적 폴리스의 크기에도 간접적인 영향을 미쳤을 수 있다. 《정치학》 제7권 제5장에서 폴리스의 크기와 규모를 논하면서 삶을 자족한 상태로 경영할 수 있을 만큼의 인구가 있어야 하고, 시민들이 서로 쉽게 알아볼 수 있을 정도의 인구 규모를 가져야 하며, 한눈에 쉽게 전체를 살펴볼 수 있는 크기의 영토를 가져야 한다는 한계 규정이 그런 예일 수 있다. 영토에서 생산되는 물자 수송이 용이하도록 바닷가를 끼고 있어야 한다는 규정도 스타게이라의 지역적 환경을 반영하는 것일 수 있다.

그는 오랜 기간 플라톤의 아카데미아에 머물렀다. 이러한 학문적 경력 때문에 플라톤 철학을 깊고 면밀하게 접했을 것이고 숙지할 수 있었을 것이다. 이 때문에 아리스토텔레스의 철학 자체도 플라톤의 영향을 받았다는 점은 의문의 여지가 없다. 그래서 플라톤의 주요 정치적 저작들인 《국가》, 《정치가》, 《법률》에 대해 신랄한 비판을 가할 수 있었다. 그러면서도 아리스토텔레스는 플라톤의 주요 정치적 사상과 정치적 개념들을 《국가》, 《법률》 등에서 차용하고 있다.

아리스토텔레스가 옹호하는 정치 형태는 다수가 번갈아 지배하는 정치체제(제3권 제11장)와 가장 우월한 자가 지배하는 왕정(제3권 제17장)이라고 할 수 있는데, 이는 자신이 경험한 아테네의 민주정과 마케도니아 왕 필립포스 2세의 절대적 왕권 영향이라 추정할 수 있다.

아리스토텔레스의 《정치학》에는 필립포스 2세나 알렉산드로스, 혹은 아테네에서 유력한 인물로 부상해 반反 마케도니아 운동의 지도자로 활동했던 민주정의 옹호자인 데모스테네스에 대한 직접적 언급은 나오지 않는다. 다만 필립포스 왕의 암살에 대한 언급은 단 한 번 나온다(《정치학》, 1311b1~2).* 《정치학》 곳곳에서 다른 여러 폴리스들의 정치체제를 비판하면서도, 마케도니아 지역의 폴리스에 대한 비판을 자제하는 태도는 그의 고향에 대한 애정 어린 편견이었을지 모른다. 설령 단편적으로 마케도니아의 정치체제에 대한 흔적이 남아 있더라도, 그의 정치적 사고에 미친 마케도니아의 영향은 그리 크지 않다고 보아야 한다.

아리스토텔레스가 《정치학》을 저술한 궁극적 목적은 플라톤으로부터 시작된 덕 있는 삶과 고귀한 삶을 진작시키

* 아리스토텔레스 저작을 표시하는 관례에 따라서 벡커판(1831, Berlin)의 텍스트 표시를 사용했다. 이를테면 1337a8은 '벡커판 13375쪽 왼쪽 난(欄: column) 8행'을 표시한다. b는 오른쪽 난을 가리킨다. 이후 벡커판 쪽수 페이지만 표기된 것은 《정치학》에서 끌어온 인용이거나 그 책의 내용이다.

기 위해 폴리스를 새롭게 개조하려는 작업을 완결하는 것
이었다고 보아야 할 것이다.

근대에서의 《정치학》에 대한 평가

고대에도 그리 큰 주목을 받지 못했던 《정치학》의 권위
가 본격적으로 무너지기 시작한 것은 16세기에 들어서 니
콜로 마키아벨리(1469~1527)에게서였다. 그는 과거의 '상
상의 공화국이나 공국'은 더 이상 정치적 행위의 지침으
로 받아들일 수 없다고 선언하고, 인간에 대한 '실효성 있
는 진리'에 확고하게 뿌리를 둘 수 있는 새로운 정치학을
요구했다. 그럼에도 르네상스 시대의 마키아벨리의 《군주
론》*Il principe*이 아리스토텔레스의 《정치학》을 참고하고 있
음은 명확하다. 특별히 《정치학》 제5권 제10장에서 다루어
지는 참주정의 몰락과 보존이란 주제는 마키아벨리의 주
된 관심의 대상(《군주론》 제19장)이었다.

《군주론》에는 아리스토텔레스의 이름이 언급되지 않는
다. 마키아벨리가 아리스토텔레스를 직접적으로 언급하지

않은 이유는, 그의 관심이 고전의 해석에 대한 학자적 논쟁이 아니라 현실 정치로 모아졌기 때문으로 추정된다. 게다가 르네상스 시대에 접어들면서 아리스토텔레스의 학문적 권위가 무너지고 있었기 때문일지도 모른다. 하지만 《강론》Discorsi에서는 아리스토텔레스를 언급하며 이렇게 말하고 있다.

참주들의 몰락에 대해della rovina de' tiranni 아리스토텔레스가 든 주요 원인들 중에는 여자들로 인해 그들의 신민들에게 상해를 입히는 것이 있다. 그들과 간통하거나, 성폭행을 가하거나, 결혼 관계를 파괴하거나 함으로써 말이다. 이 부분에 대해서는 우리가 '음모들에 대해' 다루는 곳에서 충분히 말했다. (Discorsi 3.26.)

아리스토텔레스《정치학》에 대한 결정적 평가는 근대에 들어서 영국의 정치 철학자 홉스Thomas Hobbes, 1588~1679에게서 이루어졌다. 고전 학문에 대한 학적 권위를 파괴하려 했던 홉스는 '정치적 자연주의' 입장을 내세웠던 아리스토텔레스에 맞서 국가 기원에 대한 사회계약론적 입장을 내세웠다. 아리스토텔레스는 정치적 공동체인 폴리스가 동물이나 인간과 마찬가지로 자연적 실재물이라고 주장한다. 그에 따르면 자연적 실재물에 내재하는 형상이 궁극적 목적을 향해 나아가도록 움직인다. 정치적 삶 역시 인간의 본성에 깊이 뿌리내리고 있다. 그렇다면 폴리스의 삶 역시 인간의 자연적 목적을 성취하기 위한 필연적 수단일 수밖에 없다. 따라서 인간은 공동체적 삶인 폴리스 없이는 살 수 없다. 폴리스 없이 살 수 있는 존재가 있다면 그것은 짐승이거나 신이어야 한다. 신은 인간과 달리 그 어떤 것의 도움 없이 그 자체로 자족적인 존재이니까.

홉스는 '인간이 자연적으로 정치적'이라는 아리스토텔레스의 핵심적 주장을 거부한다. 그는 아리스토텔레스의 형이상학적 목적론과 인간의 자연적인 정치적 충동과 욕구를 받아들일 수 없었다. 아리스토텔레스의 정치적 자연주의를 거부하는 홉스는 인간이 비-정치적인 조건으로부터 출발해서 국가를 만들 수 있다고 주장한다. 그는 아리스토텔레스와 달리 개인이 국가에 앞선다고 주장한다. 요컨대 아리스토텔레스의 입장과 달리 정치적 공동체는 자연적으로 형성된 것이 아니라, 인간이 만든 기술의 산물인 인공품이라는 것이다. 홉스는 《리바이어던》에서 "국가 Civitas라 불리는 크나큰 리바이어던은 기술에 의해 창조되었고, 그것은 단지 인공적 인간 Artificial Man일 뿐"(서문 1)이라고 주장한다.

홉스는 《정치학》 제1권 제2장에서 언급된 '인간은 정치적 동물'이고, 또 인간이 언어를 사용해서 좋음과 나쁨을 구별할 수 있다는 이유로 벌보다 더 정치적이라는 아리스토텔레스 주장을 적어도 5번이나 공격하고 있다. 홉스는 인간은 벌과 달리 경쟁적이며, 본능적으로 사적인 이익을 도모하고, 자신들의 지배자를 비판하고 모반을 꾀할 수 있다고 말한다. 또 그는 벌과 달리 인간은 폭동을 선동하기 위해 웅변을 사용하며, 불법과 단순한 해악을 구별할 수 있으며, 벌은 자연적 본능에 따라 군집하지만 인간은 '계약'covenant에 의해 정치적 통치 형태를 설립했다고 주장한다.

홉스는 인간이 시민 공동체에 들어가는 이유는, 단지 타인의 손에 의해서 죽을 수 있다는 공포에서 벗어나고, 그들의 삶이 사회 밖에서보다는 그 안에서 더 안전하게 확보될 수 있다고 '계산하기' 때문이라고 주장한다. 그렇기에 인간은 국가를 만들기 위해 서로 '계약'을 맺는 것이고, 적

과 자신의 계약을 파기하려는 동료 시민에 맞서 그 정부를
자신들의 재산과 힘으로 지탱하도록 계약을 맺었다는 것
이다.

홉스는 《정치학》을 다음과 같이 혹독하게 평가했다. "나
는 현재 '아리스토텔레스 형이상학'이라 불리는 것보다 더
터무니없이 자연철학에서 말할 수 있는 어떤 것도 없으며,
그가 《정치학》에서 말한 것보다 더 국가에 대해 모순되는
것도 없고, 또한 그의 《윤리학》의 많은 부분보다 더 무지
한 것도 없다고 믿는다."● 요컨대 홉스 계열의 정치학자들
에게서 우리가 받는 인상이란, 《정치학》은 우리를 둘러싸
고 있는 현실적인 정치 세계와는 아무런 관련이 없는 것이
어서 그 어떤 도움도 되지 않는다는 것이다.

● Thomas Hobbes, *Leviathan*(Cambridge: Cambridge UP, 1996), XLVI, pp.
461~462.

차례

1장　정치학의 목표와 과제

개인의 행복과 공동체의 행복

아리스토텔레스는 인간이 모듬살이로 살거나 홀로 살수 있다는 점을 인정한다. 하지만 홀로 산다는 것은 정상적이지 않다(《동물지》, 487b33~488a14). 인간은 로빈슨 크루소와 같은 고립된 삶의 방식으로는 '자족적 존재'일 수 없다. 인간은 개인으로서는 완전해질 수 없다. 본성적으로 인간은 자족적 존재가 아니기 때문에 도리 없이 그 부족함을 메우기 위해 무리를 지어 살 수 밖에 없다.

인간은 종족을 보존하기 위해 남녀가 결합해서 가정을 꾸리지만, 단순히 가정이라는 공동체만으로는 자족한 존재가 될 수는 없다. 인간은 더 큰 공동체인 폴리스를 지향한다. 인간은 어떤 좋음을 목표로 살아가는데, 그 궁극적 목적은 더 '잘 살기' 위해서이다. '잘 삶'은, 곧 행복eu-daimonia이다. 에우다이모니아는 달리 웰빙well-being, flourishing이라고도 말할 수 있다. 행복을 목적으로 삼는 폴리스라는 공동체에서만 인간은 개인의 행복을 자신이 원하는 진정한 행복으로 구현해낼 수 있다.

아리스토텔레스는 개인의 행복과 폴리스 공동체의 행복이 다른 것일 수 없다고 보았다. 개인의 행복과 전체의 행복이 다르다면 인간은 하나의 정치적 공동체를 만들어갈 이유가 없다. 개인의 행복은 전체 공동체의 행복 위에서 이루어져야 한다. 그래야 공동체 구성원 간의 갈등이 소멸하고, 서로 조화하고, 서로 평등하게 살아갈 수 있다. 그러기 위해 '나'는 '우리'를 지향해 나아가야 한다. 인간이 보다 자족적이 되고 또 삶의 궁극적 목적으로 삼는 행복을 구현하기 위해서는 폴리스(국가)라는 최종적인 최선의 공동체를 만들어내야만 한다.

우리는 살아가면서 좋음을 추구한다. 으뜸가는 좋음이 궁극적으로 행복이라는 데에 동의하지 않을 사람은 없다. 그 좋음은 현실적으로 성취가 가능해야만 한다. 성취가 불가능하다면 그 좋은 삶은 공허한 것에 불과할 것이다. 삶은 행위의 연속으로 이루어진다. 우리의 행위를 통해 성취 가능한 것만이 행복에 대한 담보가 될 수 있다. 인간은 행위를 하되, 특히 정치적으로 행위하는 동물이다. 인간의 행복도 따지고 보면 정치적 행위를 통해서 성취되어야만 한다. '성취 가능성'이란 행복의 조건은, 우리가 궁극적 목적으로 삼는 좋음이 '인간적 좋음'이기 때문에 성립한다. 이 좋음이 바로 '정치학'의 목적이 된다. 아리스토텔레스는 "그 좋음이 한 개인과 한 폴리스에서 대해서 동일한 것이라 할지라도 폴리스의 좋음이 취하고 보존하는 데 있어서 더 크고 더 완전한 것으로 보인다"(《니코마코스 윤리학》제1권 제2장)고 말한다. 이런 의미에서 개인의 행복은 공동체의 행복과 맞물려 들어가야만 한다.

좋은 입법가, 참된 정치가의 과제

아리스토텔레스는 "정치학의 목적을 최고의 좋음으로 규정했는데, 정치학은 시민들을 특정 종류의 성품을 가진 좋은 시민으로, 고귀한 일들의 실천자로 만드는 데 대부분의 노력을 경주"하는 것이라고 말한다. 그래서 정치가는 입법가로서 정치학의 목적인 인간적 좋음이 무엇인지, 행위를 통해 성취할 수 있는 좋음들 중 최고의 좋음이 무엇인지에 대해 관심을 가져야 한다(《니코마코스 윤리학》, 1105a14~17). 또 정치가는 시민들에게 습관을 들임으로써,

즉 교육을 통해서 '좋은 시민'으로 만드는 데에도 관심을 기울여야 한다. 이런 의미에서 정치가는 젊은이의 교육에 관심을 기울이지 않을 수 없다(1337a11~20).

인간은 본성적으로 정치적 동물이고, 정치적 공동체는 인간의 행복을 성취하기 위해 만들어진다. 이런 측면에서 인간은 행복을 추구하는 동물인 셈이다. 따라서 인간은 정치적 행위를 통하지 않고는 행복을 성취할 수 없다. 자유롭고 동등한 시민은 지배하고 지배 받음으로써 정치적 행위를 수행하고, 지배하는 사람은 전체 공동체의 행복을 지향하기 때문에 정치가, 즉 입법가는 시민을 '좋은 시민'으로, 나아가 '좋은 인간'으로 만들어야만 한다. 이 방법은 입법가가 규정해야만 하는 교육을 통해서 성취된다. 원칙적으로 보자면 좋은 시민과 좋은 인간의 탁월성(덕)은 다르다. 그러나 정치적 동물로서 인간이 행복하기 위해서는 '좋은 시민'이어야 하고 '좋은 인간'이어야 한다.

폴리스는 인간을 좋은 인간으로, 좋은 시민으로 교육시켜야만 한다. 무엇을 가르치는가? '아레테'(덕)이다. 특정한 실용적 목적을 위한 아레테만이 아니라, '좋은 인간으로서 인문적 삶'을, 다시 말해 '철학적 활동'을 할 수 있는 여가 활동scholē, diagōgē을 하며 살아갈 수 있는 도덕적 성향을 지닌 덕을 가르쳐야만 한다.

정치가는 반드시 '좋은 인간'이어야만 한다. 정치 지도자는 왜 도덕적이어야만 하는가? 자신의 이익이 아니라 공동의 이익을 위해서 활동해야만 하기 때문이다. 폴리스는 정치적 정의to polkitikon dikaion[1]를 실현한 공동체이다. 정치적 정의를 실현해야 하는 관직에 봉사하는 정치가들이 현실적으로 다 훌륭할 수는 없다. 그렇기 때문에 폴리스가 교육에 개입해서 '좋은 시민', '좋은 인간'으로 성장할 수 있도록 어릴 적부터 적극적으로 나서야만 한다.

나아가 뛰어난 개인의 능력이 전체와 조화하지 못한다면, 그 개인은 공동체 전체의 이익과 행복에 기여할 수 없다. 가장 아름다운 눈, 귀, 입, 코를 한 얼굴의 그림으로 채워 넣었다고 해서 가장 아름다운 얼굴이 될 수는 없다. 오히려 평등한 눈, 귀, 입, 코를 통해서 전체의 조화를 이루었을 때, 그 얼굴은 가장 아름다운 그림이 될 수 있다.[2] 아리스토텔레스는 한 인간의 훌륭함과 전체를 구성하는 시민

1 《니코마코스 윤리학》제5권 6장 1134a25~35 참고.
2 《정치학》제3권 제11장 1281a39 아래 참고.

들의 훌륭함을 만들어가는 것을 교육의 목적으로 보았다. 이런 의미에서 아리스토텔레스는 교육의 '평등성'을 강조하는 선구자가 되는 셈이다. 그 교육의 담당자가 바로 입법가요 정치가이다.

윤리적 정치체제로서의 국가

정치철학적 의미에서 아리스토텔레스가 규정하는 이상적 폴리스는 도덕적 인간과 정치적 인간의 교섭적 관계에서 성립하는, 즉 도덕성에 기반을 둔 윤리적 정치체제의 질서이다. 그가 이상적으로 바라보는 정치체제는 어떤 '정치체제'일까? 시민의 도덕성, 시민의 평등성, 시민 자신의 이익이 아닌 전체의 이익을 목적으로 한다는 점에서, 그것은 '시민에 의한, 시민을 위한, 시민의 총의에 따르는' 정치체제가 아닐까? 폴리스(국가)의 도덕성을 강조한다는 의미에서 그의 정치철학적 국가 이론은, 오늘날 이윤을 극대화하는 신자유주의적 경제 질서를 기반으로 하는 정치체제와는 '극단적으로' 대립되는 것으로 보인다.

정치학과 정치가

아리스토텔레스가 말하는 정치가는 '실질적인 정치적 앎을 가진 자'이다. 사실상 "우리는 정치가와 입법가의 모든 사안이 폴리스와 관련되어 있다는 점"(1274b36~38)을 보고 있는데, 여기서 말하는 실질적인 정치적 앎이란 곧 정치학이 다루는 주제일 수밖에 없다. 그는 정치학의 목적과 참된 정치가의 역할을 다음과 같이 규정한다.

처음에 우리는 정치학의 목적을 최고의 좋음으로 규정했는데, 정치학은 시민들을 특정 종류의 성품을 가진 좋은 시민으로, 고귀한 일들의 실천자로 만드는 데 대부분의 노력을 경주하고 있기 때문이다. (《니코마코스 윤리학》, 1099b30~32)

또 참된 정치가는 무엇보다도 탁월성(덕)에 관해 많은 연구를 했던 것으로 보인다. 그는 시민들을 좋은 시민으로, 법을 잘 따르는 시민으로 만들고자 하기 때문이다. (…) 만일 지금 우리가 하고 있는 연구가 정치학에 속하는 것이라면, 탁월성(덕)에 대한 검토는 우리의 애초 계획과 부합할 것임이 분명하다. (《니코마코스 윤리학》, 1102a7~14)

'참된 정치가'는 실제적인 정치적 앎을 소유한 사람을 말한다. 정치가의 임무는 시민들을 좋은 시민으로 만들어야 하고, 따라서 덕에 대한 탐구를 해야만 하기 때문에 그 자신은 이 임무를 달성할 수 있는 준비를 해 두어야 한다. 탁월성에 대한 검토는 정치학의 영역일 수밖에 없다. 요컨대 정치가는 덕에 대한 연구와 시민들로 하여금 법에 대한 복종을 통해 좋은 시민으로 거듭나게 교육하는 것이 그 첫 번째 과제가 된다.

정치학은 무엇을 탐구하는가

《정치학》 제4권 제1장에서 아리스토텔레스는 정치학의 탐구과제를 체육술과 비교한다. 그는 양자의 비교를 통해서 이상적 폴리스에 대한 이론과 현실 정치가의 일상적 업무를 대비하고 있다. 능력 있는 체육가는 선수들을 '자연적으로 최선'인 상태가 되도록 훈련시킬 수 있어야 한다. 그러기 위해서 어떤 훈련이 그들에게 적합한지를 알아야한다. 게다가 체육가는 경쟁에 나갈 만한 능력이 없는 사람들에게도 어울릴 수 있는 적절한 훈련 방법, 즉 어떤 방법이 그들의 몸을 건장하고 아름다운 체형을 만들 수 있을

지 또한 알아야 한다.

신체 훈련술을 담당하는 체육가는 다음과 같은 사항을 고려해야만 한다.

(1) 어떤 종류의 신체 훈련이 어떤 종류의 신체에 어울리는가?

(2) 어떤 종류의 훈련이 최선의 것인가? (최선의 것은 자연적으로 최선의 것과 최선의 것을 구비한 사람에게 필연적으로 적합한 것이므로.)

(3) 어떤 종류의 훈련이 그들 대다수의 신체에 어울리는가?

(4) 누군가가 경쟁에 관련된 것들에 적합한 것의 상태와 경쟁에 관련된 앎을 원하지 않는다고 해도 그런 것들을 알아야만 한다.

이와 마찬가지로 아리스토텔레스는 유비적으로 '좋은 입법가와 참된 정치가' 역시 다음과 같은 사항을 고찰하고 숙달해야 한다고 말한다.

(1) 최선의 정치체제는 무엇인지, 외부로부터의 어떤 방해가 없다면 이상적일 수 있는 한에서 kat' euchēn 최선의 정치체제는 어떤 것이 될 수 있는가? (1288b21~24)

(2) 어떤 종류의 정치체제가 어떤 인민들에게 적합한가. 최선의 것을 성취한다는 것은 다수에게는 아마도 불가능하니까(두 번째 최선의 정치체제). (1288b24~27)

(3) 단적인 최선의 정치체제 이외에도 어떤 가정假定으로부터의 정치체제를 알아야 한다. 이것은 현실 속에 존재하는 '주어진 정치체제들'이 어떻게 생겨나고 어떤 방식으로 보존되어올 수 있었는지를 고찰하는 것이다. (1288b28~33)

(4) 정치가는 어떤 정치체제가 모든 폴리스에 가장 잘 적합한지를 알고 있어야만 한다. 이는 정치체제에 관해 입장을 표명하는 대부분의 사람들이 설령 다른 점에서는 잘 말한다고 할지라도, 적어도 유용성이라는 점에서는 실패하기 때문이다. 따라서 정치가는 최선의 정치체제뿐 아니라 가능한 정치체제, 다시 말해 보다 쉽게 성취할 수 있는 것과 모든 폴리스에서 더 공유될 수 있는 것을 고찰해야 한다.

아리스토텔레스는 신체적 훈련에 대한 앎의 기능과 정치학의 역할을 비교하면서, 신체 훈련에서의 첫 번째 기능은 정치학에서는 두 번째에, 두 번째 기능은 첫 번째에, 세

번째 기능은 네 번째에 상응시키고 있다. 그리고 네 번째
는 세 번째에 해당한다.

정치학의 탐구 영역에서 (1)은 가장 가능성이 높은 상
황 아래에서의 최선의 정치체제를 규정하는 이상적 이론
을 포함한다. (2)는 현실적 공동체에서 최선일 수 있는 정
치체제를 규정하는 두 번째 이상적 이론을 포함한다. (3)
은 이상적인 것과 거리가 먼 현실적으로 존재하는 정치체
제를 어떻게 개혁할 수 있을지를 규정하는 일반적 정치 이
론을 포함한다. (4)는 이상적 정치체제와 현실의 정치체제
의 양립 가능성을 말하는 것으로 이해된다.

이 유비를 통해 아리스토텔레스는 '훌륭한 입법자와 참
된 정치가'는 단적인haplōs 최선의 정치체제 그리고 가정으
로 주어진 그 상황에서의 최선의 정치체제 둘 다를 빠뜨려
서는 안 된다고 주장한다. 요컨대 정치가의 역할과 임무는
최선의 것뿐 아니라 가능한 것도 고찰해야만 하고, 또 보다
쉽게 성취할 수 있는 것과 모든 폴리스에서 더 많이 공유
될 수 있는 것도 고찰해야만 한다. 여기서 '가능한 것'이란
'현실적으로 성취할 수 있는 정치체제'를 말한다. 이 말은
"가정으로 주어진 그 상황에서의 최선의 정치체제"(26행)와

"주어진 현실적 상황에서도 가능할 수 있는 것"(32행)이 동일함을 의미한다.

아리스토텔레스는 정치가의 임무를 제대로 해내지 못한 선행자들을 비판한다. 그 비판의 대상은 아마도 정치 개혁을 이끌었던 솔론이나 이상적 폴리스를 논의했던 플라톤일 수 있다. 어떤 정치가들은 '외적인 수단'만이 필요한 정치체제만을 추구하고, 다른 정치가들은 '공통된 어떤 정치체제를 말하면서도 현존하는 정치체제를 깡그리 무시해버리면서, 특정한 한 정치체제(스파르타)만을 찬양한다'는 것이다.

정치가의 임무는 '현존하는 체제로부터 시작해서, 해당 당사자들이 받아들일 수 있도록 쉽게 설득할 수 있고 또 그것에 참여할 수 있는 그러한 질서를 도입하는 것'이다. 고쳐 배우는 것이 처음부터 배우는 것만큼이나 어렵듯이, 정치체제를 개혁하는 것은 처음부터 정치체제를 확립하는 것만큼이나 어려운 일이기 때문이다(1288b39~1289a7).

아리스토텔레스는 이렇게 기존의 정치가들을 비판한 다음, 정치가가 지니고 있어야만 하는 두 가지 능력을 덧붙인다. '정치적 앎'과 '실천적 지혜'(슬기로움, phronesis)이다.

이 능력이 없이는 이상적 정치체제와 현실적으로 성취 가능한 정치체제를 고찰할 수 없다.

(5) 정치가는 '한' 정치체제에 대해 얼마나 많은 종류가 있는지를 알아야만 한다. 정치가는 얼마나 많은 변형된 정치체제가 있는지, 그것들이 여러 가지 방식으로 결합될 수 있다는 점을 알아야만 한다.

더욱 중요한 사항은, 정치가가 (6) 실천적 지혜를 구비해야만 한다는 점이다. 그래야 어떤 법이 최선인지, 또 어떤 법이 각각의 정치체제에 적합한지를 알 수 있게 된다. "정치술과 실천적 지혜는 같은 품성 상태이지만, 그 무엇임to einai은 동일하지 않다. 폴리스에 관한 실천적 지혜 가운데 하나는 총기획적인 것으로서 '입법적' 실천적 지혜이고, 다른 하나는 개별적인 것들에 관계하는 것으로서 양 부분에 공통되는 이름인 '정치적' 실천적 지혜이다."《니코마코스 윤리학》, 1241b23~27)

정치술과 실천적 지혜는 다르게 정의되지만 마음의 동일한 기능으로부터 나온다. 즉 정치적 지혜는 특별한 종류의 실천적 지혜가 아니라, 그것의 특별한 적용이다. '실천적 지혜'라는 말은 그 일상적 용법에서는 개인의 사사로운 일에서의 실천적 지혜에 한정되지만, 실제로 그러한 지혜를 발휘하는 마음의 능력은 자신의 가정家庭과 공동체까지 확장될 수 있기 때문이다.

2장   《정치학》의 전체적 논의 구조와 분석

《정치학》은 여덟 권으로 구성되어 있다. 각 권에서 논의된 주제와 전체적인 논의 구조를 정리해보자. 이를 통해 우리는 《정치학》 전체를 유기적으로 묶어주며 관통하는 하나의 '원리'를 찾아내기가 용이하지 않다는 점을 알아낼 수 있다.

제1권은 폴리스와 가정을 주로 다루면서, 폴리스의 기원과 목적에 대한 주장을 내놓는 것으로부터 시작한다. 아리스토텔레스는 폴리스와 인간은 어떤 관련성을 갖는지를 논하면서, 가정 관계와 가정 경영에 대해 분석하고 있다. 이어서 폴리스를 구성하며 살아가는 인간의 본질을 규명하고, 계속해서 노예와 여성의 문제를 다룬다. 따라서 제1권은 정치적 삶을 살기 위해 필요한 공동체의 최소 부분을 구성하는 재료들, 즉 가정에 대한 논의이지, 폴리스와 폴리스의 조직에 관련된 정치적 삶 자체에 대한 논의는 아니다. 개인과 가정은 그 중요성에서 두 번째에 해당한다.

제2권은 플라톤의 《국가》와 《법률》에서 제시된 최선

의 혹은 이상적 폴리스(kallipolis[아름다운 나라];《국가》499D, 527C)에 대한 혹독한 비판을 가하는 것으로부터 시작한다. 그러면서 현존하는 폴리스들(스파르타, 크레타, 카르타고)에 대한 비판적 분석을 행하고 있다. 마지막 장에서는 솔론의 정치체제에 대한 옹호를 하고 있다. 따라서 제2권은 최선의 정치체제를 규명하기 위해 다른 사상가들의 이상적 폴리스에 대한 견해를 검토함으로써, 나아가 그 견해들 속에 들어 있는 잘못들을 지적함으로써, 다른 사람들의 견해를 장차 우리가 구성하고자 하는 이상적 폴리스에 대한 밑그림으로 삼을 수 있음을 보여주고 있다.

제3권에 들어서 비로소 폴리스와 정치체제에 대한 정치 철학적 문제를 본격적으로 다루기 시작한다. 이런 의미에서 제3권이《정치학》의 중심축 노릇을 하는 부분이라고 할 수 있다. 제3권에서는 폴리스가 공동의 좋음을 위해 구성되어야 하며, 관직은 가치에 따라 분배되어야 하고, 덕에 따른 활동이 폴리스의 목표가 되어야 한다는 아리스토텔레스의 기본적인 정치 철학적 입장이 개진되고 있다.

제3권은 정치 이론에서 중요한 문제일 수 있는 '누가 지배해야만 하는가'라는 물음을 본격적으로 제기하기 시작한다. 아리스토텔레스는 이 물음에 대한 자신의 답변을 내놓기에 앞서 이와 관련된 다른 견해들의 장단점을 검토한다. 또 그는 정치체제를 분류하고 논의하기에 앞서, 폴리스를 구성하는 가장 중요한 부분인 시민은 무엇인가에 대한 물음을 제기한다. 그래서 그는 폴리스적 정치적 삶에서 근본적 특징을 이루는 시민의 정의, 좋은 시민의 조건, 좋은 시민과 좋은 인간이 가져야 하는 덕의 차이, 시민의 정치적 덕, 정치적 정의 등을 다룬다(제4장 참조). 이어서 그는 (제4권을 포함해서) 올바른 정치체제를 왕정, 귀족정, 혼합정으로 분류하고, 이로부터 벗어난(혹은 타락한) 정치체제를 참주정, 과두정, 민주정으로 분류함으로써 총 6가지 정치체제를 만들어내고 있다.

이어서 왕권의 유형에 대한 상세한 분석이 행해진다. 요컨대 제3권은 이상적 정치체제를 검토하거나 나쁜 정치체제를 검토하는 것이 아니라, 일반적으로 있을 수 있는 가능한 모든 정치체제를 열거하고 정치 형태가 어떻게 이루어지는지를 논의한다. 1인 지배정의 유형을 분석한 다음에, 마지막 장에 가서는 누가 지배해야만 하는가라는 물음에 대해 한 사람 혹은 소수가 다수보다 크게 우월하다면 '최고로 탁월한 자'나 소수가 지배해야만 한다고 주장한다. 요컨대 1인(왕정)이나 소수의 지배(귀족정)가 다수의 지배(혼합정[politeia])보다 더 우월하다는 것이다. 마지막 장에 이르러서는 이상적인 정치체제에 대한 물음으로 끝맺음한다.

제3권은 나쁜 정치체제의 수정 가능성을 제시하고 있으며, 이러한 수정은 최선의 정치체제를 검토하는 《정치학》에서 중요한 요소로 작동할 수 있다는 점을 보여준다. 정치적 지도자로서 입법자는 차선의 악을 어떻게 선택하는지를 알아야만 하는데, 제4권에서 제6권에 걸쳐 제시되는 현존 정치체제의 나쁜 점을 알아냄으로써 그렇게 할 수 있다는 것이다. 제4권에서 제6권까지는 주로 정치체제에 관련된 경험적 사례들을 집중적으로 제시하며 여러 가지 측면에서 나쁜 정치체제들이 가지는 단점들을 들춰내고 있다. 요컨대 제4권, 제5권, 제6권은 훌륭한 입법자가 되기 위한 다양한 정치적 사태에 대한 '예비적 공부'라 할 수 있다.

제4권은 현존하는 정치체제는 물론, 이상적이지는 않지만 가능할 수 있는 최선의 정치체제가 어떤 것인지를 물으면서, 그것은 이른바 '혼합정'이라고 말한다. 그러면서 중간 혹은 중산中産 계급의 중요성을 언급하면서 중간적 정치체제를 논한다.

제5권은 정치적 파당이 발생하는 원인들을 상세하게 논한 다음, 정치체제를 보존할 수 있는 방책을 논한다.

제6권은 정치체제의 종류 중에서 민주정과 과두정을 논하면서 민주정의 유형을 나누어 최선의 민주정 정치체제를 제시한다. 이어서 민주정과 과두정을 어떻게 확립하고 보존할지를 논한다.

제7권은 최선의 시민이 행복하게 살 수 있는 최선의 정치체제를 위한 조건을 고찰하며, 이 정치체제의 특징들을 서술한다. 이어서 이상적 폴리스가 좋은 시민으로 성장하도록 시민에게 제공할 수 있는 교육에 대한 목표와 중요성을 제시한다.

제8권은 제7권의 논의를 진전시켜 시민을 위한 공교육의 목표와 교육 내용을 검토하고 있다. 여기서는 무시케(음악)의 교육이 인간의 성품에 어떤 영향을 미치는지를 논의하며, 여가scholē를 위한 교육이 왜 필요한지를 상세하게 논한다. 제7권과 제8권은 시민의 도덕적 품성과 모든 외적인 물질적 조건이 만족되었을 때, 성취 가능한 최선의 정치체제에 대한 전체적인 밑그림을 제시한다.

제3권에서 제시된 정치체제와 달리, 제7권과 제8권에서 논의되는 정치체제는 한 사람 혹은 소수에 의해 통치되는 폴리스가 아니라, 모든 시민이 지배에 참여하는 정치체제이다. 따라서 그것은 제3권에서 옹호된 왕정과 귀족정보다 더 나은 것이다. 제3권에서는 최고의 뛰어난 한 사람이나 소수의 최선의 사람에 의한 지배가 다수의 시민이 지배하는 혼합정이나 파생적 정치체제보다 더 우월하다는 점을 보여줬다. 하지만 우리가 바랄 수 있는 가장 좋은 정치체제에서는 모든 시민이 행복이란 무엇인가를 올바르게 이해하고 훌륭한 삶을 살아가기에 필요한 능력과 자질을 가지고 있어야만 한다.

《정치학》의 구조와 내용을 요약해서 들여다보면 아래와 같이 네 가지 독립적 구획이 정해진다.

⑴ 가정으로부터 폴리스의 자연스런 발전 과정, 가정의 구성 부분 및 재산의 형식을 논의하는 제1권.

⑵ 소크라테스 및 다른 사람이 제안한 이상적 폴리스의 결함을 지적하는 제2권과 자신이 구상하는 이상적 정치체제를 논의하는 제7권 및 제8권.

(3) 시민권, 정치체제, 정의, 왕권을 다루는 제3권.

(4) 제4권으로부터 시작된 열등한 정치체제를 논의하는 제5권과 제6권.

한 책에서 다른 책으로 넘어가는 연결 고리를 노골적으로 드러내는 언급은 없다. 텍스트 자체가 각 책의 논리적인 연결점을 명확하게 보이는 대목이 있다면, 이는 후대의 편집자가 첨가한 것으로 간주할 수 있다.

문체나 내용에 있어서도 이상적 정치체제를 논하고 있는 (2)와 정치체제에 대한 경험적 사례들을 고찰하고 있는 (4)는 상호 모종의 어긋남이 있어 보인다. 제2권이 최선의 정치체제에 대한 부정적 평가를 담고 있으나, 제7권과 제8권은 '가능할 수 있는' 이상적 정치체제에 대한 긍정적 평가를 내리고 있으며, 정치적 수단을 통해서 행복을 성취하기 위한 규정을 내리고 있다. (4)는 냉정하고 중립적인 입장에서 '사회 병리학적으로' 여러 정치체제들에 대한 장단점을 살펴보고 있는데, 여기서는 나쁜 정치체제에 대한 보존까지도 권장하고 있는 것처럼 보인다.

하지만 제7권과 제8권에서 논의되는 최선의 폴리스는

'우리의 바람'에 따라 설립되는 것으로, 모든 시민이 지배하는 폴리스로 특징지어진다. 모든 시민이 동등하게 덕을 가지고 있기 때문이다. 또한 '정치체제는 폴리스의 어떤 종류의 삶'(1295a41)으로 정의되는 것이므로, "최선의 정치체제는 필연적으로 누구든지 그것에 따라 어떤 방식이든 간에 최선으로 행동할 수 있고 축복받고 살 수 있는 조직(질서; taxis)임이 명백하다."(1324a23~24)

무엇이 이상적 정치체제인가?

《정치학》에서 아리스토텔레스의 주된 관심은 어떤 정치체제가 최선일 수 있는가 하는 것이다. 그는 "우리는 최대의 바람에 따른 삶을 살아갈 수 있는 사람들에게, 어떤 형태의 정치 공동체가 모든 것들 중에서 최선인지를 고찰하기로 제안했다"고 말한다(제2권, 1260b27~29). 이 물음에 대해서 제2권은 답을 내놓고 있지 않다.

재3권의 마지막 장에 들어서는 최선의 정치체제는 왕정이나 귀족정이라는 식으로 답하고 있는 것처럼 보인다. 제4권에 들어서는 "이상적인 정치체제에 의해서가 아니라, 대부분의 사람이 공유할 수 있는 삶과 대부분의 폴리스가 참여할 수 있는 정치체제에 의해서 이루어진다고 할 때"라고 말한 다음, "우리가 그것에 관해 방금 논의했던 '이른바 귀족정'이라는 정치체제는 대부분의 폴리스에서 바깥에 떨어져 있는 것이거나, '이른바 혼합정'hē kaloumenē politeia과의 경계에 접하고 있는 것이기 때문"(제4권 제11장 1295a29~34)이라고 말함으로써, 대부분의 폴리스를 위한 최선의 정치체제는 '혼합정'임을 밝힌다. 그렇다면 이 '혼합정'은 귀족정과 폴리테이아(혼합정)의 어떤 혼합인 것처럼 보인다.

제7권과 제8권에서는 그 정치체제를 "우리의 최상의 바람에 따라 우리가 장차 세우려고 하는 폴리스"라고 말한다. (1325b36) 여기서 폴리스는 모든 시민이 번갈아가면서 가장 주요한 관직을 지배하는 정치체제를 갖는다(시민 모두가 동등하므로). 최고의 권위를 갖는 조직은 시민들의 '민회'ekklēsia 이다. 그렇다면 제3권에서의 결론과 제7권과 제8권에서 그리는 정치체제의 모습은 다른 것처럼 보인다(이상적 정치체제는 한 사람에 의한 지배가 아니므로). 이렇게 상충하는 것처럼 보이는 아리스토텔레스의 최선의 정치체제를 우리는 어떻게 화해하고 조정할 수 있을까?

《정치학》에서 아리스토텔레스가 염두에 두고 있는 가장 바람직한 정치체제가 어떤 정치체제인가 하는 문제는 뜨거운 감자로서 여전히 논란의 대상이 되고 있다.

우리가 살펴본 바처럼 전통적 순서로 주어진 《정치학》은 나름대로 제7권과 제8권에서의 최선의 정치체제를 향한 목표와 과정이 단계적으로 서술되고 있는 것처럼 보인다. 하지만 《정치학》 저작 순서에 대해서는 여전히 논란이 남아 있다. 이 문제까지 이 책에서 다루지는 않을 것이다. 어쨌든 제3권이 《정치학》 전체에서 중심점 노릇을 하고 있음은 분명하다. 제3권을 중심으로 제7권, 제8권이 이어지는지, 아니면 제4권, 제5권, 제6권으로 이어지는지가 관건이 된다. 실제로 제3권이 폴리스와 정치체제를 다루면서, 정치체제에 대한 이론적 탐구를 주된 논의로 삼고 있기 때문이다.

시민의 정의, 일반적 원리에 따르는 정치체제를 분류하는 작업은 정치철학에서 매우 중요한 일이다. 생각해보면, 제3권에서처럼 일반적인 정치체제에 대한 기본적 원리가

확립되고, 그런 다음에야 그 원리들에 따라서 비로소 이상
적 폴리스가 무엇인지를 논하고, 그에 미치지 못하는 열등
한 정치체제인 이상적이지 않은 정치체제를 논할 수 있지
않겠는가?

3장   모듬살이 존재로서의 인간:
폴리스란 무엇인가

아리스토텔레스는 인간을 '이성을 가진 존재'zōon logon echon
로 정의한다. 이성적 동물zōon logikon은 인간이 정치적 동물
zōon politikon임을 함축한다. 이성적 존재로서의 인간의 모듬
살이는 어떤 종류의 성격을 가지는가? 가장 중요한 성격
은 폴리스라는 인간적 모듬살이를 구성하면 살아간다는
것이다.

《정치학》의 첫머리는 폴리스(국가)가 어떤 종류의 공동
체임을 천명하는 것으로부터 시작한다. 이것은 '국가란 무
엇인가'에 대한 가장 고전적 정의에 해당한다.《정치학》에
서 표명된 아리스토텔레스의 정치적 견해를 고찰하기 위
해서는 '폴리스가 무엇인지'를 파악하는 것이 가장 시급한
과제일 수 있다. 그의 규정에 따르면, 폴리스는 공동체이
고, 공동체는 좋음을 위해 구성된다. 그는 단적으로《정치
학》첫머리에서 폴리스를 다음과 같이 정의한다.

우리는 모든 폴리스가 어떤 종류의 공동체koinōnia이고, 모

든 공동체는 어떤 좋음을 위해서 구성된다는 것을 관찰한다.
(1252a1)

폴리스가 공동체라는 주장은 플라톤의《국가》에서 나온
다. "많은 사람이 동반자 및 협력자들로서 한 거주지에 모
이게 되었고, 이 모듬살이sunoikia에다 우리가 폴리스라는
이름을 붙여 주었네."(369c) 이렇게 플라톤은 '폴리스'라는
이름을 붙이게 된 연원을 설명한다. 플라톤에 따르면 폴리
스의 기원archē은 "각자가 자족하지 못하고 여러 가지 것이
필요하게 되었기" 때문이다. 그는 이에 더해서 폴리스가
성립되는 계기를 생산된 물건의 분배에서 찾았다. "각 부
류의 사람들이 생산하게 되는 물건들을 이 나라 자체 안에
서는 서로들 어떻게 나누게 되겠는가? 바로 이 때문에 우
리는 공동관계koinōnia를 맺고 폴리스를 수립했지." 요컨대
필요에 따라 자족한 삶을 살기 위해서 공동의 거주지를 구
하게 되고, 생산된 물건의 분배를 위해 폴리스라는 공동체
를 형성했다는 것이다.(367c) 다시 말해 폴리스의 기본적인
목적은 자족한 삶과 생산품의 분배이다.

　아리스토텔레스가《정치학》에서 '폴리스가 공동체'라는

그 의미를 좀 더 분명하게 밝힌 것으로 볼 수 있다. 공동체를 의미하는 '코이노니아'는 공동의 것이나 관심사를 공유하거나, '공동체의 일에 함께 참여한다'는 동사 코이노네인koinōnein과 같은 어원을 갖는 말이다. 따라서 이 말은 '공동체'이거나 '공동의 일을 함께 나눔'이란 의미를 가진다. 공동체로서의 '폴리스'란 말은 공동체 내에서 상이한 행위를 통해 목적을 달리하는 이해 상관성을 지향하는 집단 형성을 의미하고, 이를 통해 공동의 것으로 묶여지고, 친애를 바탕으로 해서 정의를 실현하고, 삶의 궁극적 목적인 '행복'을 성취하기 위해 노력하는 정치적 공동체를 의미한다.

코이노니아란 말은 '정치적 공동체', '정치적 연합체'로도 번역할 수 있다. 단순하게 이야기하자면, '공동체'란 '자연 본성적으로 생명을 보존하기 위해 어떤 하나의 목적을 향해 나아가고자 하는 원초적 동기들이 모여 집단적 활동이 이루어지는 터전'을 의미한다. 이 규정은 인간이나 다른 동식물에도 그대로 적용된다. 집단의 결합과 개인의 결합이 모인 인간의 '폴리스'는 정치적일 수밖에 없고, 어떤 공동의 '좋음'을 목표로 하며, 형제애philia 관계에 토대를 두고 있으므로, 우리는 그렇게 모인 폴리스를 아리스토텔레스가 의미하는 '정치적 공동체'라고 말할 수 있다. '사람들이 함께 모이는 것은 어떤 유익을 위해서이며 삶을 위해 필요한 어떤 것을 산출해내기 위해서'인데, 정치적인 공동체 역시 유익을 목적으로 처음부터 함께 모여 지속하는 것이라 할 수 있다. 공동체 구성원들의 공통의 유익이 바로 정의이다(《니코마코스 윤리학》, 1160a10~14).

폴리스는 최고의 좋음인 행복을 목표로 하는 '정치적 공동체'이다. 아리스토텔레스는 인간이 좋음을 위해서 행위를 선택한다는 기본 전제를 통해, 인간이 만들어내는 각각의 '공동체'도 어떤 좋음을 목표로 하는 것임을 추론해낸다. 그 목적의 지향에 따라 공동체 간에도 서열이 생긴다. 이 하위의 공동체에는 가정, 마을, 학문 공동체, 종교적 집단들이 있을 수 있다. 그 좋음 중에서 최고의 좋음을 목표로 하는 것은 공동체 중에서 '최고의 공동체'인 폴리스이다. 폴리스는 오직 행복 자체만을 추구하는 것이니까.

폴리스의 기원에 대한 플라톤의 입장을 받아들인 아리스토텔레스는 폴리스가 정치적 공동체임을 밝히면서, 단순히 생활을 위한 공동체가 아니라 폴리스는 '폴리스를 형성하는 정치적 공동체'라는 점을 부연해서 밝혀주고 있다.

그저 먹고사는 방편으로서 삶을 영위하기 위한 생활 공동
체를 넘어서, 폴리스가 공동의 좋음을 목적으로 하고 있음
을 명확히 천명하고 있다.

> 모든 사람은 자신의 모든 행위에서 좋음이라고 여겨지는 것을
> 목표로 하기 때문이다. 그렇다면 분명히, 모든 공동체는 어떤
> 종류의 좋음을 목표로 하는 것이지만, 그 모든 공동체들 중에
> 서 최고의 것이면서 다른 모든 공동체들을 포괄하는 이 '공동
> 체'는 가장 으뜸가는, 다시 말해 모든 좋음들 중에서 최고의 것
> 을 목표로 한다. 이것이 폴리스라고 불리는, 즉 폴리스적 삶을
> 형성하는 공동체koinōnia politikē이다. (1252a2~6)

시민과 폴리스의 '정치적' 행위

고대 그리스에서 '정치적'이라고 말할 때, 그 의미를 제
대로 파악하려면 직접적으로 관련을 맺고 있는 'polis'
에 주목해야만 한다. 인간을 '폴리티콘 존'(정치적 동물)으
로 정의하는 대목(1253a2~3)에서 폴리스와 그 형용사인
politikos('폴리스에 속하는')의 직접적 연관성이 드러난다.
politikē(정치학), polis(폴리스), politeia(정치체제), politēs(시민,

복수 politai)는 동일한 말 뿌리를 가지고 있어서 서로 긴밀한 연관성을 가진다. politēs가 일정한 자격조건을 가지고 폴리스에 거주하는 사람을 말한다면, politikos란 형용사는 '시민에 관계된', '공공의 삶에 관련된', '정치가에 관련된' 것을 의미해서, 그런 정치적인 일에 종사하는 자인 '정치가'를 지칭한다. 그 복수 형태인 politika는 '폴리스에 관한 것들'을 의미한다. politikos와 technē(기술, 앎)가 결합된 politikē(정치학)는 고대 그리스에만 고유했던, 국가 형태를 띠었던 '폴리스에 관련된 일事들에 대한 앎 내지 기술'로 정의할 수 있다.

고대 그리스에서의 모든 사회적 삶이 폴리스에서 일어나기 때문에 그와 관련된 모든 행위는 그리스적 의미에서 '정치적'이다. 아리스토텔레스의 경우에 '정치적'이라 함은 폴리스 전체의 삶을 언급하는 것이고, 다른 모든 사회적 삶을 포함한다. 그런 의미에서 '폴리티콘 존'이라는 말은, 인간이 자연적으로 '폴리스에 존재하는 다른 모든 연합체를 포괄하는 공동체로서의 폴리스의 삶에 적합한 동물'이라는 것을 의미한다(1256a5~6; 1253a1~3). 이것이 폴리스적 삶을 형성하는 공동체이다. 이런 의미에서 폴리스의 구성원은 특별한 정치적 활동을 하지 않는 사람이 아니며, 그 삶은 공유된 사회적 활동에서 벗어난 외톨이 삶 혹은 민족과 같은 다른 유형의 사회적 단위에서의 삶과도 대조된다 (1252b19~20, 1326b3~5).

시민은 폴리스를 구성하면서, 일정한 정치적 행위를 수행해야만 한다. 이런 의미에서는 '시민'은 곧 '정치가'이다. 시민이 곧 정치가라는 말을 좀 더 이해할 필요가 있다. 이쯤에서 누군가는 아리스토텔레스의 '정치학'이 현대적 의미에서의 '정치학'과는 어떻게 다른가, 또 근대 이후에 형성된 국가 개념과 폴리스는 어떻게 다른가 하는 물음을 던질 수 있다.

오늘날 정치가는 직접적으로 정치 행위에 참여해서 어떤 종류의 리더십을 발휘하는 사람을 이른다. 오늘날의 정치가는 단순히 시민에게 부과되고, 한 공동체에서 공유되는 의무를 행하는 것 이상의 활동을 포함한다. 《정치학》에서 시민의 역할은 '시민이 되고', '폴리스의 업무에 참여해서 그 일을 운영하는 데 활동적이 된다'는 것을 의미하는 동사 'politeuesthai'에서 분명히 드러난다. 이런 의미에서 시민은 지배하고 지배를 받는다. 시민은 민회에 참석하고 재판의

배심원으로서 자신의 역할을 다해야 한다. 이런 의미에서 시민의 역할은 개인적인 리더십에 한정되지 않는다.

politēs와 연관되는 politeuesthai에 반대되는 말은 idiē-teuein이다. 이 말은 '자신의 개인적 삶에 관련되어 있는'을 의미한다. 전자는 공동의, 공공의 일koina에 관련되고 후자는 개인적인 일idia에 관련된다. politeuesthai는 폴리스 전체에 공통적인 문제들을 다루는 것을 말하고(1324b, 1324a15), idiēteuein은 자신의 개인적인 일에 관여하는 것을 말한다. 명확히 구분되는 이 두 행위는 재산의 소유에 대해서도 그대로 적용되어 공공의 것과 사적인 것을 구별해준다(1261b34, 1263a38~39). 나아가 이 점은 교육에서도 마찬가지로 적용되어 공교육과 사교육을 구분해준다(1337a24~26).

《정치학》에서의 전반적인 논의 사항을 고려하면, 근대적인 의미에서의 '정치학'과 다르게 《정치학》은 사회학, 지정학, 도시 계획, 도덕 철학, 교육 이론을 두루 포괄하고 있다. 오늘날 정치적 행위가 행정과 분리되는 것과 달리 그리스 폴리스에서는 엄격하게 분리되지 않고 모든 행정 행위가 정치적 영역에 포함되었다.

폴리스의 의미

폴리스 polis, 혹은 ptolis[미케네 언어; po-to-ri-jo]란 말은 정확히 우리말로 옮기기 어렵다. 이 말은 어원적으로 산스크리트어 púr과 리투아니아어 pilis와 연관을 맺고 있다고 하며, 그 말뜻은 '성채, 요새'를 의미한다. 또 폴리스는 아크로폴리스 akropolis; '높은 곳의 성채'와 동의어로 사용되기도 한다(호메로스,《일리아스》제4권 514행, 제7권 370행).

폴리스는 '도시', '도시 국가', '나라' 등으로 옮겨지나, 그 말이 의미하는 정확한 사항을 다 담아낼 수는 없다. 이런 점을 고려하면 '국가'라고 옮기기보다는 '도시 국가'로 옮겨야 더 적절할 수 있다. 여기서는 번역하지 않고 '폴리스'라고 그대로 두었지만, 오늘날 민족국가nation state가 되었든 싱가포르와 같은 작은 국가가 되었든 간에, 고대 그리스의 폴리스들이 직면한 여러 정치적 문제들이 오늘날의 정치적 문제와도 유사하다는 점을 고려하면 '국가'로 옮기는 것도 그다지 틀린 것은 아니다.

게다가 권력과 부의 분배가 폴리스 공동체가 존재하는 기본적인 목적과 목표라는 측면에서는, 고대 그리스 역시 오늘날에 존재하는 국가와 유사한 정치 제도적 특징을 가지고 있다. 그럼에도 그리스에 역사적으로 실존했던 '폴리스'라는 특별한 형태의 정치체제가 있었다는 것은 잊지 말아야 한다.

그리스에는 1000여 개(300여 개는 본토 밖)에 달하는 폴리스가 있었다고 하며, 대부분의 폴리스는 성인 남자 약 1000여 명 정도에 불과해서 시민들 서로 간에 친숙한 관계를 유지할 수 있을 만큼 작았다. 플라톤은 《파이돈》에서 사람들이 거주하는 폴리스를 두고 "마치 연못 둘레에서 개미들이 혹은 바다 둘레에서 개구리들이 거주하는 것처럼"이라고 묘사했다(109B). 스파르타 다음으로 큰 면적을 가지고 있었던 규모가 가장 큰 폴리스로 알려진 아테네만 해도 기원전 5세기의 페리클레스 시대에 남자 성인이 5~6만 명, metoikoi(외국 거류민)가 2만 5000명, 노예가 1만 명 정도였다고 하며, 데모스테네스가 마케도니아의 필립포스 왕에 맞서던 기원전 4세기경에는 그 절반 정도였다. 그러니 여성과, 아이들, 시민 자격을 갖고 있지 못했던 노예, 외국 거류민을 다 포함해도 수십만(20~40만?) 정도로 추정된다.

기본적으로 폴리스는 문명화된 왕권으로 유지되는 나라와 원시적인 종족의 집단과도 구별되는 정치 형태를 가진

독특한 공동체였다. '폴리스'는 대략 기원전 8세기에서 기원전 3세기까지 그리스 세계에서 존재하던 정치적인 조직 형태라 할 수 있다.[1] "함께 사는 것이야말로 가장 친애적인 특징으로 보이니까"(《니코마코스 윤리학》, 1171a2)라는 말에서 드러나듯이, 고대 그리스의 폴리스가 가진 하나의 중요한 성격은 '친애'에서 찾을 수 있다.

그리스와 같이 얼굴을 대면하는 사회face to face to society의 시민이라면 누구나 정기적으로 폴리스에서 한데 모여야 하며, 민회에 참석해야 하고, 축제에 함께 참여해야만 한다. 기본적으로 폴리스는 모든 시민이 다른 모든 시민을 대면할 수 있을 만큼의 크기를 지닌 공동체여야만 한다.

> 너무 적은 사람으로 구성된 폴리스는 자족적이지 못하지만(그렇지만 폴리스는 자족적이어야만 한다), 지나치게 많은 사람으로 구성된 폴리스는 하나의 민족ethnos인 것처럼 필수품의 조달에서는 자족적이지만, 그럼에도 폴리스는 아니다. 그런 폴리스가 정치체제를 갖추는 것은 쉽지 않으니까. (1326b2~5)

---

[1] M. H., Hansen, *The Athenian Democracy in the Age of Demosthenes*, Oxford: Basil Blackwell, 1989, 57~64쪽 참조.

아리스토텔레스가 생각했던 폴리스의 규모는 (1) 삶을 자족한 상태로 누릴 수 있을 만큼의 인구로, (2) 시민들 서로 간에 쉽게 알아볼 수 있는 숫자의 크기여야만 하며, (3) 한눈에 쉽게 전체를 살펴볼 수 있는 정도의 영토의 크기를 가져야만 한다(1326b24~26; 1327a1~4 참조).

폴리스의 전형적인 모습은, 농작이 이루어지는 광활한 지역으로 둘러싸인 그 중심에 단일한 도성을 갖는 형태를 띠고 있었다. 폴리스란 말은 다른 폴리스와 구획 짓는 물리적 의미로 사용되며, 또한 시민의 권리를 갖고 있는 전체 집합이나 정치 제도에 대한 결정을 내릴 수 있는 단일한 집합을 의미한다. 아리스토텔레스는 폴리스를 "시민들의 어떤 종류의 집합^{ti plēthos}"(1274b41)으로 규정하는데, '어떤 종류의 집합'이란 "삶의 자족을 위해 충분한 만큼의 그러한 사람들의 집합"(1275b20)을 말한다. 즉 폴리스는 '자족적인 삶을 누리기에 충분한 수의 시민들로 이루어진 집단'이다.

또 그는 폴리스를 "정치체제를 공유하는 시민들의 공동체'(1276b2~9)로 규정한다. 정치체제를 의미하는 '폴리테이아'는 '시민권', '시민의 권리와 조건', '시민의 일상적 삶',

'폴리스의 통치와 행정' 등 다양한 의미로 사용된다. 특정한 폴리스의 성격이 무엇인가는 그 폴리스의 폴리테이아의 본질에 달려 있다.

폴리스가 어떤 종류의 공동체이고 또 정치체제를 공유하는 시민들의 공동체라면 정치체제가 종eidos적으로 변화하고 달라질 때, 필연적으로 폴리스도 역시 동일한 것으로 있을 수 없는 것처럼 보이기 때문이다. (1276b1~3)

전체 공동체가 어느 쪽으로 움직여가든 폴리테이아(정치체제)가 유지되는 한 폴리스는 언제나 동일하다.

동일한 사람들이 동일한 장소에 거주하고 있을 때, 거주하는 사람들의 종족이 동일한 한에서 비록 매번 어떤 이들은 죽고 다른 어떤 이들은 태어나더라도, 폴리스는 동일한 폴리스라고 말해야만 하는가? (…) 아니면 이러한 종류의 이유 때문에 사람은 동일하게 남아 있지만, [만일 정치체제의 변화가 있다면] 폴리스는 다르다고 말해야만 하는가? (1276a35~41)

영토는 그다지 중요한 요소가 아니다. 시민의 인구 수 또한 어느 지점까지는 개별적 폴리스의 성격을 규정할 수 있다. 하지만 시민은 매번 오고 가고, 죽고 태어난다. 폴리스를 결정하는 결정적 요소는 '폴리테이아'(정치체제)이다. 정치체제는 '강과 같은 것이고, 시민은 그 흐름'과 같다. 강물은 언제나 바뀌지만, 그 강물을 담고 있는 강은 언제나 동일하다. 시민이 자연적 변화를 거친다 해서 폴리스는 변화하지 않는다. 따라서 폴리테이아가 존속하는 한, 폴리스는 한결같은 상태를 유지하기 마련이다.

정리해보자면, 폴리스는 단순히 어떤 지정학적 위치나 법률, 제도와 같은 것으로 한정되지 않는다. 폴리스는 그 구성원들의 공동체이고 활동이며, '일상적으로 더불어 살아가는 그들의 삶'을 표시한다. 아리스토텔레스는 폴리스가 자연적으로 존재한다고 말하는데, 이 말이 의미하는 바는 이 공동의 삶이 자연적이라는 것이고, 사람들은 자연적으로 좋은 삶, 즉 행복을 위해서 공동체적으로 살아간다는 것이다.

폴리스의 자연주의를 주장하는 아리스토텔레스는 기본적 가정은 '인간은 자연적으로 폴리스적 동물이고, 폴리스는 자연적으로 존재한다'는 원리이다. 이 주장을 경험적 측면과 규범적 측면에서 이해할 수 있다. '자연적'이라는 말은 어떤 내적인 원리로부터 시작해서 지속적으로 '어떤 방해가 없다면 어떤 것이 항시 동일한 것을 향해 나아감'을 의미한다(《자연학》, 199b10~15). '폴리스가 자연적'이란 규정에도 예외 없이 그대로 적용된다.

(1) 여러 마을로부터 이루어진 완전한teleios 공동체가 폴리스인데, 폴리스는 한마디로 말해서 이미 전적인 자족autarkeia의 한계에 도달해 있는 것이다. (2) 그런데 그것은 삶을 위해서 존재하는 것이지만, 좋은 삶을 위해서 존재하는 것이다. (3) 이런 까닭에 모든 폴리스는 자연적으로(본성적으로) 존재하는 것인데, 최초의 공동체들도 또한 그렇기 때문이다. 왜냐하면 이것이 저것의 목적이고, 자연(본성)이 그 목적이기 때문이다. 이를테면 각각의 것들이 그 생성이 완결되었을 때, 우리는 그것을 각각의 것의 본성이라고 부르기 때문이다. (…) (4) 게다가 [어떤 것이 존재하는] 그 목적을 위해서, 즉 그 목적telos이 최선이며, [폴리스의 목적인] 자족은 목적이자 최선인 것이다. 따라서 (5) 이

러한 것들로부터 분명한 것은, 폴리스는 자연적으로 존재하는 것들에 속하며, (6) 인간은 본성적으로 '폴리스를 형성하며 살아가기에 적합한 동물politikon zōon'이라는 것이다. (1252b27~1253a3, 번호는 저자 추가)

자연적으로 성립된 폴리스는 몇 가지 규정을 갖는다.

(1) 완전한 공동체인 폴리스는 자족을 위해서 존재한다.

(2) 폴리스는 잘삶을 위해서 존재한다.

(3) 폴리스는 자연적으로 존재한다. 폴리스는 목적을 완전히 실현한 상태이다.

(3.1) '각각의 것들이 그 생성을 완결했을 때', 그것이 그것의 본성phusis이다.

(4) 어떤 것의 목적이 최선이다.

(4.1) 폴리스의 목적인 자족은 목적이자 최선이다.

그는 이 네 가지 사실을 적시함으로써 다음의 두 명제를 이끌어낸다.

(5) 폴리스가 자연적으로 존재한다.

(6) 인간은 자연적으로 정치적 동물이다.

논리적으로 보면, 어떤 것의 목적이 최선이라는 (4)와 자연적인 것은 최선을 위해 존재한다는 (3)으로부터 폴리스가 자연적이라는 (5)가 따라 나온다. 그렇다면 (6)은 (5)로부터 나오는 것처럼 보인다. 진정 폴리스가 자연적으로 존재한다는 (5)로부터 인간이 자연적으로 정치적 동물이라는 (6)이 따라 나오는 것일까?

아리스토텔레스는 '폴리스가 자연적'이라는 것을 인간이 '자연적으로 폴리스를 형성하며 살아가는 동물'이라는 정의와 자연스럽게 연결시키고 있다. 인간이 폴리스를 떠나 살 수 없는 한, 전체인 폴리스가 자연적이라면 그 부분인 인간도 자연적으로 폴리스적 동물일 수밖에 없다. 부분은 늘 전체에 속해야만 하니까. 게다가 공동체에 속할 수 없는 사람이나 공동의 일을 함께 나눌 필요가 없는 사람은 결코 폴리스의 부분일 수 없다. 공동체를 함께 나눌 필요가 없는 짐승이나, 홀로 자족적인 존재인 '신'은 폴리스적일 수 없을 테니까(1253a29).

한 사물의 본성phusis, 기능ergon, 한 사물이 존재하기 위한 목적telos은 긴밀하게 관련 맺는다. 그 목적은 그 기능을 수행함으로써 그 본성을 현실화하기 때문이다. 인간의 덕

혹은 탁월성이 무엇인가를 결정하는 것은 그 기능이고, 그 목적이고, 그 본질이다. 이른바 '기능 논증'에 따르면 '인간의 기능은 이성에 따르는 영혼의 활동'이기 때문에, 인간의 행복은 '덕에 따른 영혼의 이성적 활동'이며, 실제로 최선의 그리고 가장 완전한 덕에 따라야만 한다(《니코마코스 윤리학》, 1098a7~18).

자연물도 그렇고, 인공물 역시 '그 목적이 최선'이다(《에우데모스 윤리학》, 1218b10~13). "목적이 목적으로서 가장 좋은 것이니까."(《에우데모스 윤리학》, 1219a10; 《자연학》, 194a27~32 참조) 그렇다면 폴리스 역시 생성 과정을 거쳐 자연적인 목적을 실현해야 한다. 가정이 모인 마을은 완전한 공동체일 수 없다. 그것만으로는 자족적일 수도, 또 좋은 삶에 이를 수도 없으니까. 폴리스는 본래의 자연적 목적을 완결했을 때, 최선의 상태에 도달하게 된다. 폴리스의 목적인 자족은 목적이자 최선이기 때문이다.

아리스토텔레스의 정치적 자연주의

'정치적 자연주의'가 성립하는 세 가지 기본 테제는 다음과 같다.

(1) 인간은 자연적으로 폴리스적 동물이다.

(2) 폴리스는 자연적으로 존재한다.

(3) 폴리스는 자연적으로 개인에 앞선다.

(1)로부터 (2)가 논리적으로 따라 나오는지, 아니면 (2)로부터 (1)이 따라 나오는지에 대해 논쟁이 있을 수 있다. 여기서는 이 논쟁에 대해 상세히 따져 묻지 않겠다. 다만 아리스토텔레스는 이 두 테제가 논리적으로 서로를 함축하는 것으로 보고 있다는 점만을 지적해 두기로 하자.

인간이 본성상 폴리스적 동물이라는 주장을, 타자와의 사회적 관계 맺음이 인간의 본성에 속한다는 것을 의미하는 정도로 일단 받아들일 수 있겠다. "홀로 지내면서 모든 좋은 것을 다 소유하라고 하면, 이것을 선택할 사람은 아무도 없을 것이다. 인간은 폴리스적이며 본성적으로 함께 살게끔 되어 있으니까. 따라서 이것은 행복한 사람에게도 맞는 말이다."(《니코마코스 윤리학》, 제9권 제9장 3절) 그러나 '폴리티콘 존'이라는 언명을 단순히 '본성적으로 함께 살게끔 되어 있다'는 정도로 이해해서는 안 된다. 인간에게는 단순한 모듬살이를 넘어 '정치적 공동체로 향하는 충동 hormē을 자연적으로 가지고 있다'(1253a30~31)는 점을 기억

해둬야 한다.

앞서의 (1), (2), (3)이 함축하는 바는 이렇다.

(가) 공동체를 구성하는 것은 자연에 어긋나는 것이 아니다. 폴리스 자체는 자연적 현상이다.

(나) 폴리스가 가정과 다른 것은 규모에서 뿐만이 아니다.

(다) 존재하는 제도는 개선될 수 있다.

(라) 폴리스들이 개선될 수 있는 목적과 형태와 유형이 있다.

인간이 본성상 폴리스적 동물이라는 말은 타자와의 사회적 관계맺음이 '숙고의 산물'이기보다는 그것에 대한 욕구가 '본성상' 우리에게 내재한다는 주장으로 이해된다. 인간은 본성적으로 친족인 사람들과 관계를 맺는 공동체적 동물koinōnikon zōon이다. 친족은 친애를 바탕으로 성립하는 공동체이다(《에우데모스 윤리학》, 1142a22~29). "남편과 아내는 본성적으로 서로에 대한 친애를 가지는 것처럼 보인다. 인간은 본성상 폴리스적 존재이기 이전에 둘씩 짝지어 사는 존재이기 때문이다."(《니코마코스 윤리학》, 1162a17~18) 요컨대 "인간은 단지 폴리스적 동물일 뿐만 아니라, 가정을 구성하는oikonomikōn 동물이기도 하다."(《에우데모스 윤리

학》, 1242a22~26)

　서로의 관계맺음은 자족을 목표로 한다. "완전한 좋음은 자족적인 것처럼 보인다. 인간은 본성상 폴리스적 동물이기 때문에, 우리가 이야기하는 자족성은 자기 혼자만을 위한 자족성, 고립된 삶을 살아가는 사람의 자족성이 아니다. 부모, 자식, 아내, 일반적으로 친구들과 동료 시민들과 함께 사는 인간의 자족성이다."《니코마코스 윤리학》, 1097b8~12) 앞서 언급된 이런 저런 사항을 고려해보면, 아리스토텔레스가 말하는 '폴리스적 동물'을 '폴리스를 구성하며 살아가기에 적합한 동물'로 이해하는 편이 좋겠다.

'폴리티콘'(폴리스적)의 넓은 의미와 좁은 의미

　아리스토텔레스가 전제하는 인간의 '자연적 본성'에는 몇 가지 종류가 있다. 첫 번째는《형이상학》첫머리에서 언급하고 있는 '인간은 자연적으로 앎에 대한 욕구를 가진다'는 인식론적 본성이다. 두 번째는《시학》에서 언급하는 모방mimēsis의 자연적 본성이다. 그에 따르면 인간의 앎은 모방을 통하여 이루어진다. 모방이 인간에게 즐거움을 가져오듯이, 모방을 통한 앎 역시 인간에게 기쁨을 가져다준다. 세 번째는 《정치학》에서 언급한, 인간을 공동체의 삶으로 이끄는 '정치적 본성'이다.

이 세 가지 기본적 전제들은 인간이 '이성적 동물'이라는 바탕 위에서 성립한다. '인간이 자연적으로 정치적 동물'이란 명제는 아리스토텔레스 저작 전체에서 7번이나 언급되고 있다.[2] 폴리스를 구성하는 동물(폴리티콘 존)은 두 가지 방식으로 이해된다. 그 말이 지닌 넓은 의미와 좁은 의미로 해석될 수 있는데, 그 의미는 군집 생활과 정치적 삶으로 나누어 보다 정확히 이해될 수 있다.

아리스토텔레스는 '공동 활동을 하며 살아가는 것'politika 을 '어떤 하나의 공동의 일을 갖는 것'으로 정의한다(《동물지》, 487b34~488a14). 이처럼 공동 활동을 하며 살아가는 동물의 범주에는 인간 이외에도 말벌, 꿀벌, 두루미, 개미와 같이 군집 생활을 하는 것들ta agelaia이 속한다. 이것들이 갖는 '폴리티콘'한 측면은 공동체 속에서 어떤 방식으로든 서로 협력적 관계를 지속적으로 유지한다는 것이다. 이것

---

2 《동물지》 487b34~488a14), 《니코마코스 윤리학》 1097b11, 1162a17~18, 1169b18~19, 《에우데모스 윤리학》 1242a22~23, 《정치학》 1253a7~8, 1278b19).

들도 넓은 의미에서 '폴리티콘 존'이라고 불릴 수 있다. 다시 말해 한정되지 않은 의미에서는 인간이나 군집 생활을 하는 동물들도 다 같이 폴리티콘 존이라고 말할 수 있다. 이런 의미에서는 인간 역시 생물학적 의미에서 폴리티콘 존이다. 하지만 아리스토텔레스는 "왜 인간이 벌이나 그 어떤 군집 동물보다 더 완전한 의미에서 폴리스를 형성하며 살아가는 동물인가"(1253a7~9)라고 묻는다.

인간은 생물학적 삶의 방식과 한계를 넘어서는 존재이다. 인간이 '폴리티콘 존'이라는 규정은 군집 동물들이 '폴리티콘 존'이라는 말보다 한정된, 즉 더 좁은 의미로 사용된다. 인간이 이것들보다 더 '정치적'이기 때문이다 (1253a7~18). 요컨대 군집 생활을 하는 것과 '정치적 삶을 사는 것'은 전혀 다르다. 정치적 동물로서 인간의 공동체는 가족, 친구, 동료 시민에 대한 필요조건을 수반한다.

게다가 폴리스의 구성원들은 협력적 공동 작업을 통해 폴리스의 목적을 실현한다. 다른 동물과 달리 더 정치적인 이유는 인간만이 유일하게 폴리스를 형성하는 동물이기 때문이다. 우리는 이 점을 놓쳐서는 안 된다. 인간이 본성적으로 자식 생산을 위해 짝을 만들려는 본성을 가지고 있다는 것 역시 폴리티콘 존이란 규정의 좁은 의미 속에 내포되어 있다. 설령 '폴리티콘 존'이라는 말이 인간이나 다른 동물에게도 '동음이의적'으로 사용될 수 있다고 해도, 그 '정치적'이라는 의미는 다르다. 따라서 이 규정은 오로지 인간에게만 한정되어야 한다.

인간이 벌이나 다른 어떤 군집 동물보다 '더 완전한 의미에서' 폴리스를 형성하며 살아가는 동물인가 하는 이유는 명백하다.

우리가 말하는 바와 같이, 자연은 결코 아무런 헛된 일을 하지 않기 때문이다. 그런데 동물 중에서 인간만이 말logos을 가진다. 목소리는 고통과 즐거움의 징표인데, 이런 까닭에 다른 동물에도 속하는 것이다. 그들의 본성은 고통과 즐거움의 감정을 가지며, 또한 그것들을 서로 간에 징표하는 데까지 이르기 때문이다. 이와는 달리 말은 유익한 것과 해로운 것을 분명하게 하는 데에, 따라서 또한 정의로운 것과 정의롭지 않은 것을 분명하게 하는 데에 기여한다. 왜냐하면 다른 동물에 비교해서 인간만이 좋은 것과 나쁜 것, 정의로운 것과 정의롭지 않은 것, 그리고 다른 나머지 것들의 지각aisthesis을 가진다는 이 점은 인간에게 고유한 것이기 때문이다. 이러한 것들에서의 공동체가 가정과 폴리스를 만들어내는 것이다. 폴리스는 또한 본성적으로 가정과 우리 각자 모두에 앞서는 것이다. (1253a7~19)

우리는 다음과 같이 이 대목의 논증을 구성해볼 수 있다.

(1) 자연은 결코 아무런 헛된 일을 하지 않는다.

(2) 인간만이 말을 가진다. 동물은 단지 목소리만을 가진다.

(2.1) 목소리는 고통과 즐거움을 표출하는 징표로서 다른 동물에도 속한다. 그래서 동물들도 서로 소통하고 지각할 수 있다.

(2.2) 인간의 말은 유익한 것과 해로운 것을 분명하게 구별한다. 따라서 정의로운 것과 정의롭지 않은 것을 구별한다.

그러므로 (2.1), (2.2)로부터,

(2.3) 다른 동물과 달리 좋고 나쁨, 정의와 부정의를 구별하는 지각을 가진다는 점은 인간에게만 고유하다.

(3) 좋고 나쁨, 정의와 부정의를 지각하는 능력은 공동체를 만들어내는 능력과 같은 것으로 가정과 폴리스를 만

들어낸다. 그러므로 인간만이 정의에 기반을 둔 공동체를 형성하는 능력을 가진다.

(3.1) 정의에 기반을 둔 공동체를 형성할 수 있는 동물이 그렇지 않은 것들보다 더 폴리스적이다.

(3)과 (3.1)로부터,

(4) 그러므로 인간이 다른 군집 동물보다 더 폴리스적 동물이다.

우리는 이 논의 과정으로부터 다음과 같은 일반적 논증을 이끌어낼 수 있다.

(가) 동물도 인간같이 본성적으로 말과 도덕적 지각 능력을 갖고 있다면 폴리스적 동물이다.

(나) 인간만이 자연적으로 말과 도덕적 지각능력을 가지고 있다.

그러므로 (다) 인간은 자연적으로 다른 동물보다 더 완전한 의미에서 폴리스적이다. (2), (2.1), (2.2)로부터 우리는 폴리스가 정의에 근거해야 한다는 주장을 이끌어낼 수 있다. 동물은 (가)가 불가능하기 때문에 인간은 군집 동물보다 '더 완전한 의미에서' 폴리스적인 것이다. 그런데

(나) 주장은 어떤가?

(나) 주장은 아리스토텔레스의 윤리-도덕적 입장과는 근본적으로 모순된다. 인간이 본성적으로 도덕적 능력을 타고 났는가? 인간은 도덕적 덕과 실천적 지혜가 있어야 도덕적 지각 능력을 가질 수 있다. 게다가 아리스토텔레스는 인간이 도덕적이 될 수 있는 것은 본성에 의해서가 아니라, 습관화와 교육에 의해서 그렇게 된다고 주장하지 않았는가? 나아가 습관화와 도덕 교육은 정치적 수단과 폴리스의 법에 의해서 이루어져야 한다고 주장한다(《니코마코스 윤리학》, 1180a14~b28, 1179b20~24). 도덕적 덕과 그 능력이 정치적 기예를 통해 이루어진다면, 도덕적 지각 능력은 자연적으로 생겨난 것이 아니다. 인간은 자연적으로 덕을 갖게 되는 것이 아니라, 인위적인 노력을 통해서 이루어진다. 폴리스의 구성원을 묶어주는 '정의'라는 유대도 자연적 유대가 아니라 실천적 이성의 유대일 수밖에 없다. 그렇다면 폴리스는 자연적인 것이 아니라 오히려 인위적인 것이라는 것이 되고 만다.[3]

---

3 David Keyt, Three Basic Theorems in Aristotle's Politics, in *A Companion to Aristotle's Politics*, Blackwell, Inc., 1991 (*Phronesis*, 1987).

이런 아리스토텔레스 입장에 대한 비판과 그 자신의 도덕적 태도가 지니는 모순적 입장에 대한 적절한 해결책은 무엇일까? 플라톤이 언급한 폴리스의 발생에 대한 아이디어를 떠올려 보자. 그는 '시민적 기술'을 갖지 못해서 인간이 서로에게 부정의하게 처신했다고 지적하면서, 제우스가 인간에게 염치aidōs와 정의dikē를 헤르메스를 통해 가져다주었다고 말한다. 거기에서 염치와 정의는 절제분별; sophrosunē와 정의dikaiosunē로 대치되고 있다. 이것이 폴리스의 질서와 친애의 결속으로 사람들을 함께 모을 수 있게 했다는 것이다. 전문적 지식과 달리, 이것을 소수가 아니라 모두에게 분배해서 나누어 갖게 함으로써 폴리스가 생기게 되었다. 소수만이 이것을 나누어 가지면 폴리스가 생길 수 없었을 테니까.[4]

인간의 로고스(말)가 동물과는 다른 차원의 능력을 가진다는 점을 주목해야 한다. 인간의 로고스는 동물과 달리 '가능적으로' 이미 도덕적 능력을 가지고 있다. 인간이 충분히 성숙하고 인간으로서 정치적 경험을 하게 되면, 로고

---

4 강성훈 역의 플라톤,《프로타고라스》322B~C(각주 80과 82 참조).

스가 가진 그 가능성을 완전히 현실화시킬 수 있기 때문이다. 완전히 발현된 로고스가 도덕적 판단을 할 수 있다면, 가능적으로도 로고스는 어느 정도의 도덕적 판단 능력을 소유하고 있는 셈이다. 그렇다면 도덕적 판단 능력도 자연적이라고 말할 수 있을 것이다.

정치적 동물로서의 인간

자연은 아무 것도 아무런 목적 없이 만들지 않았다. "자연은 결코 아무런 헛된 일을 하지 않는다"는 것은 한 사물에 내재하는 본성이 그 사물의 목적을 반드시 완성시킨다는 말이다. 이것은 전형적인 아리스토텔레스적인 목적론을 표현한다. 이 목적론적인 전제로부터 '인간이 자연적으로 폴리스적 동물'이라는 주장이 따라 나온다. 인간이 자연적으로 폴리스적이라는 주장은 아리스토텔레스 형이상학의 핵심인 목적론적 사고에 의존하고 있다.

무엇이 '자연적'이라고 함은, 어떤 한 사물의 본성이 그 목적을 실현하는 방향으로 나아간다는 것을 의미한다. 옥수수 씨가 다 완성된 현실태로서의 옥수수로 성장해나가는 것처럼 말이다. 씨앗은 앞서 존재했던 옥수수로부터 물려받은 방식으로 성장해가려는 가능태를 그 안에 포함하고 있다. 그래서 살아 있는 유기체의 성장은 그것이 충분히 성장했을 때 그것 안에 있던 잠재되어 있던 가능태가 현실화되는 것이다. 인간이 자연적으로 폴리스적이라는 주장은 인간이 폴리스적 삶을 위한 내적인 가능성을 소유하고 있다는 주장과 동일하다.

게다가 인간은 '합리적'인 말을 할 수 있는 능력을 자연적으로 구비하고 있다. 바로 이 이성적 언어 능력이 '유익한 것 혹은 해로운 것, 따라서 정의로운 것과 정의롭지 않은 것을' 분명히 구별하게 해준다. 이런 의미에서 인간이 자연적으로 정치적 동물이라는 것은, 곧 이성적 동물이라고 말하는 것과 동일하다. 정의와 부정의를 구별하는 능력을 가진 인간은 정치적 공동체를 이루어 공동의 이익을 추구하면서도, 동시에 윤리적-도덕적 공동체를 구성하는 능력을 가진다.

중요한 사실은, 아리스토텔레스가 폴리스적 삶에는 행복과 합리적 선택에 따라 살아가야 한다는 조건을 덧붙이고 있다는 점이다. 인간의 삶은 그저 사는 것이 아니라, 잘 삶을 목적으로 삼아서 형성됐다는 것이다.

사람들은 오직 살기 위해서만 아니라, 오히려 잘 살기 위해서 tou eu zēn 폴리스라는 공동체를 형성했다고 해야만 한다. 그렇지 않았다면 노예들과 다른 동물들의 폴리스도 있었을 테니까 말이다. 그러나 실제로 그러한 폴리스는 없는데, 이들은 행복을 공유하지도 못하며 또한 합리적 선택prohairesis에 따라 살지도 않으니까 말이다. (1280a30~34)

육체적 즐거움이 삶의 목적이라면 노예까지도 가장 훌륭한 사람에 못지않게 향유할 수 있다. 노예적 삶이 진정한 삶에 참여하고 있다는 점을 부정하지는 못하더라도 '행복'에 참여하고 있다고까지 말할 사람은 아무도 없을 것이다(《니코마코스 윤리학》, 1177a7~9). "따라서 이와 같은 종류의 정치적 공동체로 향하는 충동은 자연적으로(본성적으로) 모든 인간에게 있는 것"(1253a29~30)이다. 여기서 말하는 '이와 같은 종류의 공동체'란 정치적 공동체를 일컫는다. 모든 인간은 본성적으로 혹은 자연적으로 정치적 관계를 지향하려는 경향성, 충동, 본능, 추동력과 같은 심리적 기재를 소유하고 있다.

그렇기에 인간에게 본래 내재하는 이 자연적 능력이 온

전히 실현되기 위해서는 친애, 선의, 타인에 대한 신뢰, 협력이 인간 사이에 존재해야 한다는 것이 아리스토텔레스의 생각이다. 그래야 공동의 삶이 공동의 이익으로 산정될 수 있다. 따라서 이러한 '계산능력'logismos을 가진 정치적 동물인 인간은 본능에 머물지 않고 그것을 넘어서 공동의 좋음을 목표로 행위하게 된다. 정치적 공동체를 향하는 인간의 내재적 경향성을 나타내는 말이 바로 '정치적 동물(폴리티콘 존)'이다. 자연적 경향성이 충분이 성숙된 외적 조건을 갖추게 되었을 때, 인간은 비로소 폴리스라 부르는 복잡한 사회적 질서의 존재를 깨닫게 된다.

폴리스 공동체로 향하는 '충동'

"정치적 공동체로 향하는 충동은 자연적으로 모든 인간에게 속한다."(1253a29~30) '공동체로 향하는 충동'이란 무엇인가? 자연적으로 존재하는 사물들은 인공품과 달리 변화하고 성장하려는 내적 '충동'을 가진다. 옥수수 씨앗이 옥수수로 성장하려는 내적 충동을 갖듯이, 인간도 공동체에서 살려는 내적 충동을 가진다. 이 충동은 인간이 본성적으로 정치적 공동체를 지향하는 경향성과 욕구, 본능을 가진 복합적인 심리적 존재임을 보여준다. 이것은 인간의 본성에 늘 있어왔고, 현재도 있으며, 앞으로도 항상 있게 될 '무언가'가 역사의 어떤 시점에서 현실화된다는 것을 의미한다. 물론 그것이 발현될 수 있는 어떤 조건이 충족되는 경우다. 인간이 본성적으로 정치적 삶을 위한 본래적인 '능력'을 가지고 있다는 주장은 어떤 의미에서는 인간이 본성적으로 정치적 공동체에서 살려는 '충동'을 가지고 있다는 주장과 맥을 같이한다.

가족과 가정을 형성하려는 본능은 우리에게 내재해 있던 다른 본능, 즉 다른 종류의 사회적 관계와 조직을 만들어내고 유지하는 본능을 자극하고 추동하게 하는 힘이다. 이 자연적 본능은 먼저 가족으로 향하고, 그런 다음 정치적 삶으로 이끈다. 가족을 만드는 것이 인간의 본능이듯이, 정치적 공동체에 참여하는 것도 인간의 본능이다. 이것이 인간은 '자연적으로 정치적 동물'이라는 규정이 말하는 핵심이다.

인간은 다른 동물과 같이 생산에 대한 자연적인 욕구를 가진다. 아리스토텔레스에 따르면, 인간은 생산에 참여하는 방식으로 어느 정도 신적인 것에 참여한다. 생물이 자신과 비슷한 종을 생산하려는 욕구는 영혼의 자연스러운 기능이며 영속적이고 신적인 것에 참여하는 일이기도 하다(《영혼론》, 415a26~b2). 바로 이 욕구가 인간을 짝으로 결합하게 만든다. 생식을 위한 욕구는 자연스런 것으로, 타자와의 공동의 관계 속으로 이끄는 어떤 힘이다.

가정은 자기 이익을 위한 합리적 계산뿐 아니라 그것을 넘어선 가정을 만들고 유지하려는 비이성적 충동에 의존한다. 비이성적 충동은 '강한 자극'으로 표현된다. 정치적 공동체 역시 그 발생적 기원과 지속적 존속을 위해 정치적 생활에 참여하도록 이끄는 어떤 경향성을 가지고 있다. 다시 말해 정치적 공동체는 공동체 구성원들의 자기 이익에 대한 합리적 계산을 보충하는 어떤 경향성에 의존한다. 가족을 형성하는 배후에 성적인 추동력이 있는 것과 마찬가지로, 우리에게는 정치적 삶에 참여하려는 정치적 추동력이 있다. 이 정치적 추동력이 친족이 아닌 이웃과의 관계로 이끌어가며, 나아가 우리가 타인과의 공적인 생활에 협력하게 될 때 생겨나는 보다 큰 이익을 깨닫게 만드는 것이다.[5]

아리스토텔레스는 공동체에 참여하는 인간의 동기, 생

존 욕구, 자기 이익에 대하여 다음과 같은 세 가지 주장을
내세운다(1278b19~30).

(1) 사람들은 서로 간에 어떤 도움을 필요로 하지 않을
때조차도 함께 살기를 욕구한다.

(2) '공동의 유익함'은 사람들을 함께 모은다. '잘삶'은
공동의 모든 사람에게나 별도의 개개인에게도 최고의 목
적이다.

(3) 삶 그 자체만을 위해서 함께 모여서 폴리스적 공동
체를 유지한다. 삶의 어려움들이 지나치게 지워져 있지 않
은 한, 삶 그 자체에는 고귀한 부분과 삶에 내재하는 기쁨
과 자연적인 달콤함이 있으니까.

이것들 중에서 (3)은 공동체에 참여하는 동기가 생존을
위한 욕구와 자기이익이라는 점에 있음을 보여준다. (2)는
개별자로서 인간이 자족적인 존재가 못 된다는 점을 지적
한다. 개별자로서 인간은 자신의 삶의 목적인 행복을 성취
할 수 없다. 폴리스의 구성원으로서만 인간은 공동적으로
자족함의 한계를 성취할 수 있다. 이러한 공동적 삶을 통

---

5   Richard Kraut, Nature in Aristotle's Ethics and Politics, *Social Philosophy &*
    Policy, 2007.

해서 인간은 좋은 삶에 도달할 수 있는 자원을 얻을 수 있게 된다.

(1)은 공동의 삶에 대한 욕구가 인간의 반성적 능력이기보다는 의식 깊이 뿌리박혀 있음을 말한다. 그렇다고 해서 그것이 단순히 비이성적 욕구라거나 무반성적이라는 것은 아니다. 오히려 타인과 더불어 사는 것이 좋은 삶에 꼭 필요한 요소라는 것이다. 다른 사람과 더불어 산다는 것은 우리의 좋은 삶(행복)에 보탬이 되는 것이니까. 그래서 아리스토텔레스는 "홀로 지내면서 모든 좋은 것을 다 소유하라고 하면, 이것을 선택할 사람은 아무도 없을 것이다. 인간은 폴리스적이며 본성적으로pephsukos 함께 살게끔 되어 있기 때문"(《니코마코스 윤리학》, 1169ı7~19)이라고 말한다. 이것이 행복한 사람에게 꼭 들어맞는 말이다. 요컨대 공동체의 삶이 완전한 인간의 자기실현을 위해 필요한 것이기 때문에 자연이 인간에게 정치적 공동체를 위한 욕구를 부여했다는 것이다.

인간은 자식을 생산하기 위한 짝을 만들려는 본성과 폴리스를 구성하려는 본성이라는 심리적인 욕구를 가진다.[6] 아리스토텔레스는 인간을 '폴리티콘 존'으로서 규정하면서, 그 이면에 놓여 있는 인간의 복합적인 심리 구조를 들여다보고 있다. 그는 그곳에서 다른 사람과 함께하려는 욕구뿐 아니라, 가정을 넘어 더 큰 곳으로 나아가려는 욕구가 있음을 관찰했다. 그는 마침내 폴리스라 불리는 공동체를 만들려는 욕구를 인간이 소유하고 있는 것으로 보았다. 인간은 단순히 '남과 함께하려는' 심리적 동기와 욕구뿐만 아니라, 본성적으로 정치적 공동체인 폴리스를 향한 근원적 경향성을 가지고 있다는 것이 아리스토텔레스의 생각이다. '폴리스적 동물'이라는 명제는 개인적 덕의 성취를 통해서가 아니라 '공동체적 이상'을 실현하는 데에서 인간의 행복이 완성된다는 것을 단호하게 표명한다.

---

6 이러한 해석에 대해서는 Fred D. Miller, Jr., Aristotle's Political Naturalism, *A Journal for Ancient Philosophy and Science*, Vol. 22, 1989 참조.

시민의 자격과 조건

완전한 시민polītēs haplōs의 정의는 세 가지이다. (1) 판결과 관직에 참여하는 자격을 가진 자(1275a23~24). (2) 재판관과 민회의 의원과 같이 임기 제한이 없는 관직에 참여하는 자(1275a33). (3) 숙고하고(심의하고) 판결하는 관직에 참여할 자격이 있는 자(1275b19~20).

그런데 완전한 시민의 정의를 받아들이면 조금 이상스런 결론이 나올 수 있다. 아주 강력한 한 명의 왕만이 정치적 관직을 갖는 왕정의 경우에 논리적으로는 혹은 극단적으로는 단지 한 시민만이 존재할 테니까 말이다. 이 점은 그리 염려하지 않아도 좋을 듯싶다. 왕정의 경우를 논의 대상으로 삼는다고 할지라도 아리스토텔레스의 주된 관심은 그 밖의 다른 종류의 정치체제로 기울어지고 있기 때문이다. 게다가 그의 탐구 대상은 당시에 현존한 정치체제인 민주정, 과두정, 혼합정의 정치체제이며, 따라서 시민권은 이런 유형의 정치체제에 별 문제 없이 적용될 수 있다.

어쨌든 태생 이외의 명예시민의 조건을 획득하는 것은

시민의 자격에서 배제된다. 폴리스 어딘가에 거주하는 것으로만 시민이 되는 것도 아니다. 거류 외국인들이나 노예들도 거주 장소를 공유할 수 있을 테니까. 법적인 사안들에 참여할 수 있는 자는 어떤가? 이것만으로도 역시 완전한 시민이라고 할 수 없다. 거류 외국인들도 보증인을 내세워 소송을 제기하고 소송을 당할 수 있을 테니까(《정치학》 제3권 제1장).

　시민 명부에 등재된 아이들과 시민의 의무에서 면제된 노인들도 단적인 의미에서는 시민이 아니라, 제한적 의미에서만 시민으로 불려진다. 아이들은 '불완전하고', 노인들은 '전성기가 지난' 시민일 뿐이다(1275a15~18). 이를테면, 아테네인들은 18세가 되면 각 dēme(dēmos; 행정 구획 단위)의 지도자가 가지고 있던 시민 등록 명부에 등재되었다. 그런 연후에야 비로소 완전한 시민이 되었다. 이후 2년간의 군사적 훈련을 비롯한 국가에서 요구하는 다른 복무를 마쳐야만 한다. 일정한 나이에 다다른 아테네의 노인들은 군사적 복무, 배심원의 의무, 민회에 참석할 의무를 비롯한 시민의 의무로부터 면제되었다(1336b37 참조; 플라톤, 《국가》 498c 참조).

《정치학》 제7권에 기술된 이상적 폴리스의 남성 시민들은 젊은 사람, 나이든 사람, '기력이 쇠잔한 사람' 등 세 그룹으로 나뉜다(1329a33). 여성은 단지 남성 시민의 부인으로서만 역할을 수행한다. 각각의 계층이 수행하는 직무에 대한 정점의 시기가 다르기 때문에, 힘이 필요한 군인은 젊은이들이, 슬기phronesis가 필요한 지배자는 나이 든 사람이, 더 나이가 들어 신체가 쇠락한 사람들은 신에게 봉사하는 사제직이 할당된다(《정치학》 제7권 제9장). 나이든 시민들은 가장으로서 노예에 의해 경작되는 재산에 딸린 자신들의 가족을 돌봐야 한다. 일상의 번거로운 일에서 벗어날 만큼의 재산을 가지고 있는 시민들은 정치적인 일이나 철학하는 일에 참여해야만 한다(1255b35~37).

시민이 속한 정치체제에 따라 공동체의 성격이 달라지기 때문에 시민의 덕은 정치체제에 따라 달라질 수 있다.

공동체는 정치체제이다. 이런 까닭에 시민의 덕(좋음; 훌륭함)은 필연적으로 정치체제와 관련되어야만 한다. 따라서 여러 종류의 정치체제들이 있다면, 훌륭한spoudaios 시민의 덕(좋음), 즉 완전한teleia 덕이 하나일 수 없다는 것은 분명하다. 우리는 좋은 사람이 한 가지의 덕, 즉 완전한 덕을 지니고 있다고 말한다. 그렇다면 훌륭한 사람이 지니는 덕을 획득하지 않고서도 훌륭한 시민이 될 수 있음은 명백하다. (1276b31~35)

시민은 폴리스의 구성원이므로, 폴리스는 곧 정치체제일 수밖에 없다. 한 시민의 좋음은 정치체제에 따라 달라질 수 있다. 누군가를 '좋은 시민'으로 만드는 것과 '좋은 사람'으로 만드는 것은 동일하지 않다. 각각의 다른 정치체제에 따라 시민을 규정하는 방식과 좋은 시민으로 만드는 것은 다르기 때문이다. 게다가 시민의 역할은 정치체제를 보존하는 것이므로 정치체제에 따라 시민의 성격은 달라질 수밖에 없다. 따라서 정치체제와 무관한 좋은 사람의 덕과 정치체제와 관련 있는 좋은 시민의 덕이 같지 않다는 것은 명백하다. 결국 한 시민의 좋음은 정치체제에 따라 달라질 수 있다. 그러나 정치적 환경과 무관한 좋은 사람의 덕은 어느 정치체제에서든 간에 항시 동일하다. 오직 좋은 지배자만이 좋은 시민이고 좋은 사람이다.

좋은 사람의 덕은 지배하는 덕이고, 시민의 덕은 '지배하고 지배받는 덕'이다. 시민의 자격은 원칙적으로 관직과 민회에 참여하는 의무로서 주어진다. 지배받는 주체이면서 동시에 지배하는 주체가 곧 시민이다. 결국 시민은 양쪽의 덕을 다 배워야만 한다. 혈통에서 비슷하고 자유로운 자들의 지배는 지배받고 지배받는 '정치적 지배'이다. 지배하는 자는 지배받는 자가 됨으로써 이 지배 방식을 배워야 한다. 마치 기병대 지휘관 밑에서 일을 함으로써 기병대 지휘관이 되고, 장군 밑에서 일함으로써 장군이 되는 것처럼 말이다. 지배를 받았던 자만이 잘 다스릴 수 있다. 지배하는 자와 지배받는 자의 덕은 다르지만 좋은 시민은 지배를 받고 지배하는 앎과 능력을 가져야만 하며, 자유로운 자들의 지배와 지배받음을 배우는 것이 훌륭한 시민의 덕이라 할 수 있다.

충분히 덕이 있는 사람은 윤리적 저작에서 말하고 있는 도덕적 기준에 부합하는 사람이다. 그런 좋은 사람은 모든 상황에서 중용을 정확히 맞힐 수 있는 능력뿐 아니라, 삶의 최고의 목적을 이해할 수 있는 실천적 지혜 또한 지니고 있어야만 한다. 또 그의 감정은 이성이 요구하는 방식으로 반응하도록 훈련받아야 한다. 그러나 좋은 시민은 이런 요구에 완벽하게 부응할 필요가 없다. 그는 자신이 속한 정치체제를 보존하기 위해서 폴리스에서 행해야만 하는 사항을 숙지하는 것으로 그친다. 그래서 그에게는 정치체제를 파괴하고 보존하는 것이 무엇인지(《정치학》 제4권~제6권에서 논의되는 사항)를 아는 '시민적 이해'가 요구되며, 법에 따르는 행위가 필연적으로 요청된다. 이와는 달리 좋은 인간은 윤리적 성품에 관련된 지식을 가지고 있어야만 한다.

아리스토텔레스에 따르면 정치체제를 특징짓는 '원리'(자유, 소수, 다수, 부 등)에 따라, 즉 그 정도가 어느 만큼이냐에 따라 여러 종류의 민주정, 과두정, 심지어는 여러 종류의 참주정까지 있을 수 있다. 정치체제를 규정짓는 특징들이 완화될수록 그 정치체제는 덜 결함을 가진다. 민주정, 과두정에서의 정치 지도자는 이 두 정치체제를 혼합시키는 쪽으로 움직임으로써 정치체제를 보존하는 길을 알고 있어야만 한다.

동등함과 자유를 평가하는 정치체제인 민주정은 다수의 원리에 따라 지배하다 보면 법의 지배를 포기할 수 있다. 또 부에 대한 사랑을 가치 기준으로 삼는 과두정 역시 권력의 원리를 부에 둠으로써 법의 지배를 회피할 수 있다.

따라서 제4권~제6권에서 보여주는 바와 같이, 극단적 형태를 취하는 민주정과 과두정은 안정적일 수 없다.

'좋은' 민주정 혹은 과두정을 옹호하는 자들은 '좋은 시민'일 수 있다. 왜냐하면 그들은 어떻게 자신의 정치체제를 지속시킬 수 있을지를 알고 있기 때문이다. 자유와 동등함만이 평가의 유일한 원리라면 민주정을 파괴시킬 것이고, 부만을 소중히 하는 것이라면 소수 지배정인 과두정을 파괴시킬 것이다. 그래서 이 두 정치체제에서 훌륭한 시민인 정치 지도자는 양편을 혼합시키는 것을 알고 있는 자여야만 한다. 가난한 다수는 공공의 이익보다는 자신들의 이익을 추구할 것이고, 소수인 부자 역시 그럴 것이다. 공공의 이익을 도모하는 다수와 부가 극단적 방향에서 역방향으로 진행할 때 법의 지배를 가능하게 하는 혼합정politeia이 성립할 수 있다. 아리스토텔레스는 암묵적으로 모든 정치체제가 귀족정의 원리이자 목표인 '도덕적 탁월성'(덕)을 높이 평가할 수 있을 때 그 정치체제들이 개선될 수 있다는 가정을 받아들이고 있다.

4장

좋은 인간과 좋은 시민

《정치학》제3권의 논의 구조는 물 흐르듯 아주 자연스러운 흐름으로 이루어지는 것처럼 보인다. 폴리테이아가 무엇인가? 이 물음은 폴리스가 무엇인가라는 물음으로 나아가고, 폴리스가 무엇인가라는 물음은 그 구성원인 부분들, 즉 시민은 무엇인가라는 물음을 제기하도록 만든다. 시민이란 무엇인가라는 논의는 다시 시민의 자격 조건을 묻는 물음으로 이끈다. 그러고 나면 자연스럽게 좋은 시민이 무엇인지를 물을 수밖에 없을 것이다. 좋은 시민의 덕이 밝혀지면, 그 덕이 좋은 사람의 덕과 어떻게 다른지를 묻지 않을 수 없을 것이다.

아래의 물음들은 일련의 논의 구조로서 연쇄적으로 던져지는 중요한 물음이다. 이 물음을 통해서 우리는 아리스토텔레스가 염두에 두고 있는 최선의 정치체제가 어떤 것인지 생각해볼 수 있다.

1) 폴리테이아란 무엇인가?

100

2) 폴리스란 무엇인가? 폴리스가 그 정치체제를 결정하는 것이므로.

3) 시민이란 무엇인가? 시민의 자격조건?

4) 좋은 시민이란 무엇인가?

5) 좋은 사람의 덕과 좋은 시민의 덕은 동일한 것인가?

아리스토텔레스가 볼 때 좋은 인간과 좋은 시민(훌륭한 시민; spoudaios)은 같을 수도 있고 다를 수도 있다(《니코마코스 윤리학》 제5권, 1130b28~29). 여기서 '좋음'을 의미하는 agathos와 spoudaios란 말은 상호 교환해서 사용될 수 있다. 이 두 말은 공히 도덕적 덕을 함축한다. 그런데 이상적 폴리스에서는 모든 시민이 좋은 시민이어야 한다. 모든 시민이 좋은 시민이 아니라면 이상적 폴리스일 수 없다.

왜냐하면 훌륭한 시민의 덕은 모든 사람에게 속해야만 하는 것이지만(이렇게 될 때에만 폴리스는 필연적으로 최선의 폴리스일 수 있으니까), 훌륭한 폴리스에 있는 시민들 모두가 필연적으로 좋은 사람들이 아닐 경우에는 좋은 사람의 덕이 모든 사람에게 속하는 것이 불가능하기 때문이다. (1277a1~4)

'훌륭한 폴리스에서 모든 시민이 좋은 사람이 아닐 수 있다'는 주장은, 제7권 제13장에서 "폴리스는 정치체제에 참여한 시민들이 훌륭하기 때문에 훌륭하다. 우리 이상적 폴리스에서는 모든 시민들이 정치체제에 참여하고 있다"(1332a32~35)는 주장과 외견상으로 상충하는 것처럼 보인다. 아리스토텔레스는 '시민'을 언급하는 경우에, 좁은 의미로는 '완전한 시민'(지배자들)을 언급하고 넓은 의미에서는 '지배받는 사람과 지배자' 양쪽을 포괄하는 것으로 사용하고 있다. 그렇다면 '지배를 받는 시민'은 완전한 시민이라고 말할 수 없다.

제7권에서 아리스토텔레스는 이상적 폴리스에서 전사戰士들을 지도자일 뿐만 아니라 시민으로서 간주하면서도, 또한 그는 그들을 '정치체제에 참여한 사람'들과는 구별하고 있다(1329b36~38). 그렇다고 하면 이상적 폴리스에서 "정치체제에 참여한 사람"이라고 할 때에는, 좋은 사람이며 완전한 시민을 말하는 것이고, "이상적 폴리스의 모든 시민이 좋은 사람일 수 없다"는 주장에서의 시민은 '완전한 시민'이 아닌 시민을 포괄해서 부르는 것으로 이해된다. 따라서 전사들과 같은 시민은 실천적 지혜가 부족한 시민으로 완전한 시민이 아니다(1329a2~17). 그러므로 그들은 좋은 인간이 아니다.

이러한 해석에 비추어 볼 때, 이상적 폴리스에서 좋은 시민의 덕과 좋은 인간의 덕이 같아지는 경우는 그 시민이 '완전한 시민'일 경우이다. 좋은 사람이 갖춰야 할 덕은 실천적 지혜이다. 실천적 지혜 없이는 다른 모든 도덕적 덕을 가질 수 없다(《니코마코스 윤리학》, 1144b30~1145a6). 이상적 폴리스에서 실천적 지혜는 완전한 시민의 덕이다. 전사와 같은 시민은 아직 이러한 덕을 가지고 있지 못하다. 전사와 사제들은 이러한 덕을 가지고 있지 않지만, 그럼에도 나름대로 자신들의 직분을 충실히 수행할 수 있기는 하다.

좋은 시민의 덕과 좋은 인간의 덕

아리스토텔레스는 '좋은 사람에 속하는 덕(탁월성)과 훌륭한 시민에 속하는 덕을 같은 것으로 간주해야만 하는지, 아니면 다른 것으로 간주해야만 하는지'를 묻고, '좋은 사람과 훌륭한 시민이 어떤 폴리스에서는 동일하지만, 다른 어떤 폴리스에서는 다르다'고 말한다. 아리스토텔레스가 말하는 이상적 폴리스에서만 '좋은 사람의 덕과 훌륭한 시민의 덕이 동일'할 수 있다. 그러나 비-이상적 폴리스에서는 단지 정치가만이 좋은 사람이면서 훌륭한 시민일 수 있다(1278a40~b5).

좋은 시민과 좋은 인간의 덕을 논의하는《정치학》제3권 제3장과 제4장의 논의를 간결하게 요약하면 다음과 같다. 아리스토텔레스는 시민을 배의 선원에 비교한다. 선원들은 노젓는 이, 키잡이, 망보는 이로 구성된다. 각자의 탁월성은 고유한 것으로 하는 일에 따라 달라질 수밖에 없다. 하지만 이들 모두에게 공통되는 기능이 있다. 그것은 항해의 '안전'이다. 선장은 자신의 고유한 기능을 수행하지만, 선원으로서 공통의 기능도 수행해야만 한다. 마찬가지로 시민도 그 자신의 고유한 기능을 가지고 있다. 심의와 재판에 참여하는 것이다. 또한 각 시민은 전사로서, 사제로서 자신의 고유한 기능을 수행한다. 거기에 더해서 시민은 '공동체의 안전'이라는 공동의 일을 수행해야만 한다(1276b25~30).

(1) 폴리스에서 시민의 공통의 기능ergon은 폴리스의 정치체제의 안전이다.

(2) 시민의 덕은 시민의 기능을 잘 발휘하도록 자신을 만드는 것이다.

(3) 그래서 좋은 시민의 덕은 폴리스의 정치체제와 관련되어 있다.

(4) 정치체제politeia는 공동체의 유형에 따라 서로 상이하다.

(4.1) "공동체는 정치체제이다."(1276b30)

(5) 그러므로 한 형태의 정치체제 아래에서 좋은 시민의 덕은 다른 형태의 정치체제 아래에서 좋은 시민의 덕과 동일하지 않다.

(6) 그렇다면 좋은 시민의 덕은 하나의 덕이 아니다.

(7) 그러나 좋은 사람의 덕은 하나의 덕(완전한 덕; teleia aretē)이다.

(8) "그렇다면 훌륭한 사람이 지니는 덕을 획득하지 않고서도 훌륭한 시민이 될 수 있다는 것은 명백하다."(제3권 제4장 1276b34~35)

(9) 좋은 사람의 덕은 이상적 폴리스의 완전한 시민의 덕과 동일하다.

(10) 그래서 비-이상적 폴리스의 완전한 시민의 덕은 좋은 사람의 덕과 동일한 것이 아니다.

이상적 폴리스에서의 좋은 사람의 덕이 하나이고 완전하다는 것(7)은 다음과 같은 논리적 구조를 가진다.

(1) 좋은 사람의 덕은 최선의 정치체제 아래에서 완전한 시민의 덕과 동일하다.

(2) 단지 하나의 정치체제만이 자연적으로 최선의 것이다.

(3) 그러므로 좋은 사람의 덕은 하나의 완전한 덕이다.

그런데 비-이상적 폴리스의 시민의 덕은 좋은 사람의 덕과 다를 뿐만 아니라 양립할 수 없다. 이는 마치 날카로움과 무딤이 칼날을 동시에 특징지을 수 없는 것과 마찬가지로, 한 사람의 덕과 다른 사람의 덕은 같지 않으며 마치 무딤과 날카로움과 같은 것이다. 좋은 사람은 좋은 인간이 지니는 덕을 소유한 사람이고, 비-이상적 폴리스에서의 좋은 시민은 좋은 사람일 수 없다.

우리는 좋은 사람과 시민, 참된 정치가에 관련해서 아리스토텔레스의 생각을 다음과 같은 몇 가지 사항으로 정리해볼 수 있다.

첫째, 비-이상적 폴리스에도 정치적 활동에 참여하는

좋은 사람이 있다.

둘째, 아리스토텔레스는 '참된 정치가'를 현존하는 정치 구조를 보조하고 개선하고 추구하는 것을 목표로 하는, 즉 혁명가이기보다는 개혁가로서 생각하고 있다. 법과 정치 체제의 기술자로서 참된 정치가는 주어진 상황에서 자신이 다할 수 있는 최선의 것을 행하는 사람이다. "우리는 진정으로 좋고 분별 있는 사람은 모든 운을 품위 있게 견뎌낼 것이라고, 현존하는 것으로부터 언제나 가장 훌륭한 것들을 행위할 것이라고 생각하기 때문이다. 마치 훌륭한 장군이 현존하는 부대를 전략적으로 가장 적절하게 사용하고, 좋은 제화공은 주어진 가죽으로부터 가장 훌륭한 구두를 만들어내며, 또 다른 모든 전문적인 기술자들도 같은 방식으로 행하는 것처럼."《니코마코스 윤리학》제1권 제10장, 1101a1~6)

셋째, 참된 정치가는 자신이 다른 폴리스에서 입법자로서 봉사할 때 좋은 시민의 덕이 아니라 좋은 사람의 덕을 발휘해야 한다.

넷째, 이 점은 자신이 시민인 비-이상적 폴리스에서 자신의 정치술politikē을 발휘할 때 참된 정치가에 대해서도 적용된다. 그가 발휘하는 덕은 그 자신의 폴리스의 좋은 시민의 덕이 아니라 좋은 사람의 덕이다. 참된 politikos(정치가, 즉 좋은 사람)가 비-이상적 폴리스의 좋은 시민과는 다르게 행위할 수 있는 상황들이 일어날 수 있다.

지배자의 덕과 피지배자의 덕

노예가 덕을 가질 수 없다는 주장은 《니코마코스 윤리학》에서 기대될 수 있는 것이었다. 여기서의 덕은 단지 '충분히 교육받고 지혜를 갖춘 사람'만이 성취할 수 있다. 하지만 《정치학》에서는 조금 다르다. 《정치학》에서 용기, 정의, 절제와 같은 덕은 하나가 아니라 여러 종류이다. 가정의 경우에 남자의 용기가 있으며 여자, 아이, 노예의 용기가 따로 있을 수 있다. 다른 덕의 경우도 마찬가지다. 오직가정의 지배자만이 완전한 덕을 가진다. 다른 사람들은 각자가 하는 일에 해당하는 덕만을 가질 뿐이다. 그런데 이 덕들은 종적으로 다르다. 지배자와 피지배자는 종적으로 다르기 때문이다(1260a20~24). 지배하는 자는 도덕적 덕을 완전하게 가지는데, 이는 "그의 기능이 단적으로 주인 기술자의 기능이고 이성이 [바로 이러한] 주인 기술자이기 때문이다."(1260a18) 요컨대 다른 사람들은 그들에게 속하는 한에서만 도덕적 덕을 가진다. 따라서 남성과 여성이 동일한 수준의 절제를 가질 수 없으며, 용기와 정의도 남자와 여자에게 동일한 것이 아니다. 즉 "하나는 지배하는 자의 용기이고, 다른 하나는 보조자의 용기"이다.

아리스토텔레스는 이 논점을 좋은 인간과 좋은 시민에도 그대로 적용한다. 좋은 시민의 좋음(덕)은 정치체제에 따라 다르지만, 좋은 인간의 좋음(덕)은 항시 하나이고 동일하다. 양자의 좋음은 오직 좋은 시민이 좋은 폴리스의 지배자가 되는 곳에서만 동일하다. 지배하는 자는 잘 지배하기 위해서 '실천적 지혜'(프로네시스)가 필요하고, 지배받는 시민은 단지 '올바른 의견'만이 필요하기 때문이다.

이러한 논리에 따르면 지배하는 자와 지배받는 자의 절제와 정의는 다를 수 있다. 하지만 좋은 사람은 양쪽 다를 가져야만 한다. 지배받으면서도 자유인인 훌륭한 사람의 덕, 이를테면 정의는 하나가 아니다. 지배하는 데 적합한 것과 지배받는 데 적합한 종류의 덕은 다르기 때문이다. 아리스토텔레스는 이 구분을 남자와 여자를 비교함으로써 예증하고 있다. 남성과 여성의 절제와 용기가 다르다. "만일 어떤 남자가 용감한 여자만큼 용감하다면, 그는 비겁한 자로 보일 것이고, 만일 어떤 여자가 좋은 남자만큼 예절이 바르다면, 그녀는 수다스러운 여자로 보일 테니까. 심지어 남자의 가정경영과 여자의 가정경영도 다른 것인데, 재화를 획득하는 것은 남자의 일이고, 재화를 보존하는 것은 여자의 일이기 때문이다."(1277b21~24)

아리스토텔레스에 따르면, 용감함의 정도도 남자와 여자에게 다르다. 우리는 이 주장을 피지배자의 도덕적 덕이 지배자의 것보다 더 열등하다는 주장으로 이해할 수 있다. 그렇지만 아리스토텔레스는 "보다 많음과 적음에서는 그들 간에 차이가 있을 수 없다. 지배받는 것과 지배하는 것의 차이는 종種적인 것이며, 보다 많음과 보다 적음에서의 차이는 전혀 그런 것이 아니"(1259b36~38)라고 말함으로써, 지배자와 피지배자 간의 구별은 도덕성의 정도 차이라기보다는 '종적'인 차이임을 지적하고 있다. 그는 이렇게 말한다. "설령 지배자에게 적합한 절제 및 정의가 자유로우나 지배받는 사람의 절제 및 정의와 다른 종류라 하더라도, 사실상 좋은 사람은 양쪽 모두를 가진다."(1277b16~18) 즉 좋은 사람은 지배자로서의 덕과 지배받는 자로서의 덕을 함께 갖추고 있어야 한다.

그러면 지배하는 자에게 고유하고 유일한 덕은 어떤 것일까? 그것은 '실천적 지혜'이다. "다른 탁월성들은 필연적으로 지배를 받는 자들과 지배하는 자들 모두에게 공통적인 것처럼 보이지만, 지배를 받는 자의 탁월성은 실천적 지혜가 아니라 참된 의견이다."(1277b29~30) 이는 마치 지배를 받는 자는 아울로스(고대 그리스의 관악기)를 만드는 자인 반면에, 지배하는 자는 아울로스를 사용하는 아울로스 연주자인 것과 같다.

지배자는 지적인 덕(실천적 지혜)과 도덕적 덕을 가져야하지만, 피지배자는 도덕적 덕만을 가져도 된다. 자신의 기능을 잘 수행하게 하는 지배자와 지배받는 사람의 덕은 지적이고 도덕적이다. 실천적 지혜(슬기로움)는 이상적 폴리스에서 지배자에게만 속하는 유일한 지적인 덕이다. 그러나 도덕적 덕ethikēs aretēs은 지배자와 지배받는 자에게 공통하는 것이다(1277b25~29). 한편은 고상한 도덕적 성품을 가져야만 하지만, 다른 편은 갖지 않는다고 하면 그것은 놀라운 일이라 할 수 있다.

아리스토텔레스는 이렇게 의문을 제기한다. "지배하는

자가 절제 있지 않고 정의롭지 않다면, 어떻게 잘 지배할 수 있겠는가? 또 지배받는 자가 그렇게 되지 않는다면, 어떻게 잘 지배받을 수 있겠는가? 왜냐하면 방종하고 비겁하다면, 그는 자신에게 속한 일(의무)들 가운데 어떤 것도 수행할 수 없을 것이기 때문이다."(1259b39~1260a2) 실천적 지혜가 요청되는 지배자는 반드시 도덕적 덕을 가진 사람이어야만 한다(1332a32~38, 1334a11~b5). 왜냐하면 "성격적 탁월성(도덕적 덕) 없이는 실천적 지혜를 가진 사람이 될 수 없기" 때문이다(《니코마코스 윤리학》, 1144b14~17, 31~33).

5장   우리는 어떤 정치체제를 꿈꾸는가

폴리테이아와 정치체제의 구분

폴리스와 시민은 분리될 수 없다. 폴리스가 '정부'를 의미하는 경우에 다른 도시들로부터 떨어져 있는 오늘날 방식의 '수도'를 상상하기란 어려운 노릇이다. 게다가 자신들의 정치적 지도자를 선출한다고 하는 경우에도, 오늘날에는 우리를 대표하는 우리의 정부를 뽑는 것이지만, 그리스인들에게는 '폴리스'를 선출하는 것이 아니라 '폴리스인 자신들'을 선출하는 셈이다. 폴리스 자체가 시민의 전체 조직이니 말이다. 그래서 시민은 폴리스를 구성하면서, 동시에 일정한 정치적 행위를 수행해야만 한다. 이런 의미에서 '시민'이 곧 '정치가'이다.

아리스토텔레스는 정치체제를 '모든 시민의 삶을 조직하는 방식'을 의미하는 것으로 사용하기도 하는데, "정치체제는 폴리스의 어떤 종류의 삶"이라고 말한다(1295a40~b1). 그래서 아리스토텔레스는 《정치학》에서 관직이나 권력의 분배뿐만 아니라 가정, 재산, 교육, 종교 등과 같은 것들을 논의하고 있다. 이런 문제들은 우리가 더불어 살아가는 삶의 방식인 정치체제와 밀접한 연관성을 가진다. 다시 말해 정치체제를 어떻게 조직하는가라는 물음은 '어떻게 우리가 최선으로 살아가야만 하는가'라는 논의 선상에서 대답되어야 할 문제인 셈이다.

폴리테이아는 오늘날의 헌법이나 국가를 지배하는 모든 규칙의 총체를 의미하지 않는다. 폴리테이아는 헌법보다 더 넓은 영역을 포괄한다. 그러면서도 전체 시민을 하나의 사회로 묶어주는 기능을 담당한다. 폴리스의 부분들을 한데 묶어주는 것이 그 '형상'eidos인데, 그 형상이 바로 정치체제이다.

정치체제는 일종의 정의正義이다. "모든 정치체제는 어떤 종류의 정의다. 그것은 공동체이고, 공동적인 것 모두는 정의로운 것에 의해 묶여지기 때문이다."《에우데모스 윤리학》, 1241b13~15)

정치체제는 '폴리스의 총체적인 정치 구조'를 의미하며, 공동체의 정치적 제도와 공동체 지배 기관의 구조를 가리킨다. '정치체제'와 '정부(통치 계급)'는 동일하다. 정부는 폴리스에서 최고의 권위를 가지기 때문에, 폴리테이아는 폴리스의 '영혼'이 되는 셈이다. 폴리스는 우선 '그 시민'이

며, '시민의 권리', '개별적 시민의 정치적 활동', '하나의 실
재로서 전체 시민 구성체'를 의미한다. 그렇기에 《정치학》
은 시민의 자격과 조건, 시민의 조직, 누가 지배자가 되어
야 하는가와 같은 물음에 초점을 맞춘다.

시민들의 정치적 삶을 민주정, 과두정, 1인 지배정과 같
은 방식으로 형성하는 방식도 폴리테이아라고 부른다. 정
치체제는 폴리스의 정책 결정권, 즉 권력을 다수에게 주
느냐, 부자인 소수에게 주느냐, 1인에게 주느냐를 말하
는 것이다. 이에 따라 정치체제들은 몇 가지 유형으로 나
누어진다. 1인의 지배, 소수의 지배, 다수의 지배 등이다
(1279a26~28). 우리가 기억해둬야 할 사항은 부의 차이가
숫자상의 차이보다 더 큰 이론적 중요성을 가진다는 아리
스토텔레스의 주장이다. 그는 제3권 제6장에서 제8장까지
의 논의를 바탕으로, 다시 한 번 제4권 제2장에서 올바른
정치체제orthos politeia를 셋으로 말한다.

아리스토텔레스는 《정치학》 제3권 제7장에서 정치체제
의 유형들을 분류하고 그것들로부터 나쁘게 파생된 정치
체제를 언급한다. 여기서 그는 올바른 정치체제와 그렇지
않은 정치체제를 가리는 하나의 기준을 제시한다. 최고의

권위를 갖는 것이 1인이든, 소수이든, 다수이든 간에 '공동의 유익함'to koinon sumpheron을 위해서 지배할 때는 올바른 것이고, 개인의 유익함을 위해pros to idion 지배할 때는 타락된 것이다. 공동의 유익함을 진작시키는 정치체제는 정의로운 것이고, 단지 지배자의 이익만을 위한 것은 정의롭지 않은 것이다.

모든 폴리스는 질적 요소와 양적 요소로 이루어진다. 여기서 '질'이란 자유, 부, 교육, 좋은 태생을 말하고, '양'은 수의 우월성을 말한다(1296b18~19). 그렇다면 질과 양이 어떻게 조합되는가에 따라 폴리스의 유형은 달라지기 마련이다. 폴리스가 다르다는 것은 폴리스를 구성하는 질과 양의 결합 방식에 따라서 그 정치체제가 달라진다는 것을 말한다. 이렇게 해서 만들어진 정치체제에 대한 아리스토텔레스의 분류를 정리하면 다음과 같다.

지배자의 수	1인	소수	다수
올바른 것(좋은 것)	군주정(왕정)	귀족정	폴리테이아(혼합정)
타락한 것(나쁜 것)	참주정	과두정	민주정

제4권 제2장에서는 최선이고 가장 신적인 정치체제인 왕정에서 가장 벗어나 있는 타락한 것인 참주정이 가장 나쁜 것임을 지적한다. 다음으로 과두정이 두 번째로 나쁘다. 이런 식으로 여러 정치체제들의 우수함의 서열을 정리하면 다음과 같이 된다.

| 참주정 | ➡ | 과두정 | ➡ | 민주정 | ➡ | 혼합정 | ➡ | 귀족정 | ➡ | 왕정 |

플라톤 역시 좋은 민주정과 나쁜 민주정을 구분한 바 있다(《정치가》, 302D). 나중에 역사가 폴뤼비오스(기원전 200~118)는 다수의 지배의 긍정적인 변형을 민주정이라 부르고, 부정적인 것을 우민정치ochlocracy, 즉 '군중ochlos의 지배'라고 불렀다(Polubios, 《역사》 제6권, 4.6).

특이하게도 아리스토텔레스는 다수의 지배의 긍정적 변형을 '폴리테이아'라고 부른다. 그는 폴리테이아를 '모든 정치체제에 공통되는 이름'으로 부르기도 한다(1289a36 참조). 이것은 특정한 정치체제의 형태가 아니다. 이러한 정치체제를 '혼합정'이라 부를 수 있다. 일반적으로 폴리테이아란 말은 다수가 지배하는 '민주정'의 형태를 가리키는 것처럼 보인다. 귀족정의 요소가 배제된 민주정과 과두정의 요소가 혼합되어 있는 정치체제라고 말할 수 있다.

  정치체제는 어떻게 잘 혼합될 수 있는가? 혼합정은 민주정과 과두정의 중용mesotēs이거나 양자의 혼합을 가리킨다. 만일 그 혼합이 민주정적 요소인 '다수'가 더 지배적이라면 그 정치체제는 '혼합정'으로 분류되며, 과두정적적인 요소가 더 지배적이라면 '귀족정'으로 불릴 수 있다. 여기서 과두정 1과 민주정 1이 최선의 것으로 6가지 정치체제의 유형 중에서 혼합정과 귀족정에 가장 가까운 것이다(민주정의 종류에 대한 논의는《정치학》제4권 제4장 참조).

아리스토텔레스는 혼합된 정치체제 유형을 갖는 것이 좋다고 주장한다. 그래서 위 도표에서 보듯이 가장 밑에

있는 정치체제로부터 위로 올라갈수록 더 좋은 것이 된다. 그런데《정치학》제4권에서는 좀 더 복잡한 우열 구도가 나타난다.

이상적 폴리스에서의 정치체제

아리스토텔레스를 가치중립적이고 순전히 경험적인 정치 사상가로 평가하는 것은 그의 다층적 정치 이론에서 한 단면만을 보는 것에 지나지 않는다. 그는 끊임없이 정치적 현실에 개입하면서 이상적 정치체제가 가능할 수 있는 더 나은 조건을 탐구하고자 한다. 이런 점에서 그는 정치 현상에 대한 기술적descriptive 작업에 머물지 않고, 나아가 정치체제에 대한 가치 평가에도 관심을 기울인다. 그는 이상적으로 지배될 수 있는 정치체제에 귀속되는 여러 물음을 검토한다. 실제로 그는 이상적 정치체제가 현실적으로 존재할 수 있든지 없든지 간에, 현존하는 폴리스의 개선에 관심을 기울인다. 이상적 폴리스에 대한 그의 정치 이론은 자신의 윤리 이론에 터전을 잡고 진행되어간다. 윤리 이론에 기반을 둔 정치 이론가로서 그의 임무는 정치적 이상에 직면하는 이론적 모델을 탐구하는 것이었다.

이상적 폴리스는 현실에서 가능한 것이어야 한다. 아리스토텔레스는 이것을 성취하기 위해서는 '운'uchē이 필요하다고 말한다. 인간의 행복이 적절한 만큼의 운이 필요하듯이, 폴리스도 그런 만큼의 운이 필요하다. 적절한 자연적 조건, 적절한 만큼의 자원, 나아가 운이 없이는 그런 폴리스를 만들 수 없다. 그의 최선의 폴리스는 기도, 바람euchē에만 머무는 이상적인ideal 것에 그치지 않는다. 그것은 충분한 자원과 살아나가는 데에 적합한 위치, 적절한 크기의 인구, 자연적 성향, 계급의 구조를 가져야 한다. 이런 이유로 아리스토텔레스는 "우리의 최대한의 바람대로 폴리스의 조직이 운을 통제할 수 있는 그런 좋음들을 확보하기를 기원한다. 우리는 운이 그것들을 통제한다고 가정하니까"(1332a29~31)라고 말한다. 이상적으로 최선의 폴리스를 그려보는 것이 현실적으로 입법하는 것보다 더 용이할 수 있다. 이상적 폴리스를 "생각하기는 어렵지 않으나, 행하는 것이 어렵기 때문이다."(1331b21) "말하는 것은 우리의 최고의 바람의 산물이지만, 일어나는 것은 운의 산물이기 때문이다."(1331b22~23)

이상적인 조건을 상정해야 하지만, 이상적 폴리스는 전혀 불가능한 것은 아니다(1265a18, 1325b38~39). 그렇다면 아리스토텔레스의 이상적 폴리스는 문자 그대로 '그 어디에도 없는' 유토피아utopia; ou(no)+topos(where)가 아니다.

'최선의 정치체제는 무엇인가'라는 물음에 대해 아리스토텔레스는 제7권, 제8권에서 자신의 입장을 내놓고 있다. 아리스토텔레스가 그리고 있는 '이상적인 폴리스'는 한편으로는 '최선자'가 지배하는 귀족정aristokratia과 유사해 보인다. '최선의 것'ariston을 목표로 한다는 점(1279a36), 그 목적이 '덕'이라는 점(1294a9~11), 그리고 기술자들은 정치에서 배제된다는 점(1278a17~21) 등이 그렇다. 다른 한편으로는 민주정적인 특징을 가진다. 모든 시민이 동일한 교육을 받아야 한다는 점(1337a21~23, 1294b19~29), 공동 식사 제도

sussitia를 통해서 동일한 음식을 먹어야 한다는 점(1330a3~6, 1294b19~29), 그리고 모든 시민이 관직을 공유해야만 한다는 점, 즉 번갈아가면서 지배해야 한다는 점(1332b26~27; 1317b19~20) 등이 그렇다.

어쨌든 이상적 폴리스는 기본적으로 자유로운 사람들의 공동체이다. 이 공동체는 다음과 같은 조건을 만족시켜야 한다.

(1) 기본적으로 시민들 간의 동등함과 유사함에 토대를 두고 있는 공동체이다. 이 공동체는 자유와 평등을 전제한다. 두 가지 원리 밑에서 이 공동체에서는 '정치적 지배'가 이루어진다. 정치적 지배란 시민들이 '번갈아 지배하고 지배받는'kata meros 형태이다.

(2) 따라서 원칙적으로 이 공동체의 정치체제는 다수의 지배일 수밖에 없다.

(3) 노예에 대한 주인의 지배가 아니다. 즉 전제적 지배 형태가 이루어져서는 안 된다.

(4) 이 공동체는 '공동의 이익'을 추구한다.

(1)은 이상적 정치체제가 시민들 간에 '번갈아가면서 지배하는' 형태를 가진다는 점을 지적한다. "태생과 자유라는 점에서 지배자들 자신과 비슷한 자들을 지배하는 어떤 종류의 지배가 있다."(1277b7~8) 이 지배 형태를 아리스토텔레스는 '정치적 지배'라고 부른다.

아리스토텔레스는 명시적으로 올바른 정치체제를 왕정, 귀족정, 혼합정이라고 말한다. 그렇다면 제7권 제8권에서 언급되는 위의 조건을 만족하는 최선의 정치체제는 어떤 것인가? 아리스토텔레스가 제7권 제1장에서 최선의 정치체제를 언급하고 있지만, 제4권 제2장에서는 "첫 번째이자 가장 신적인 정치체제"를 왕정이라고 말한다(1289a38~39). 그는 왕정이 가장 나은 것이라는 점을 인정한다. "지배자들의 우월성이 지배받는 자들에게서 논란의 여지가 없고 명백한 것이라면, 딱 잘라 말해서 동일한 사람이 항시 지배자가 되어야 하고 다른 사람들은 '항시' 지배를 받는 것이 더 나을 것임은 분명하다."(1332b21~23)

하지만 이러한 지배는 쉽지 않다. 이러한 왕은 "인간들 중에서 신"으로 간주되기 때문에(1284a101~11), 이러한 자들은 조건 (1)을 만족시킬 수 없다. 게다가 제7권, 제8권에서의 최선의 정치체제는 보통의 시민이 지배하는 것이어야만 한다. 따라서 왕정은 이상적 정치체제에 적절한 것일 수 없다. 그렇다면 남아 있는 가능성은 귀족정이나 혼합정일 수밖에 없다.

귀족정 역시 모든 시민이 번갈아가면서 지배해야 한다는 조건 (1)을 위반한다. 귀족정은 소수가 모든 시민의 유익함을 위해 지배해야만 하기 때문이다. 그렇다면 혼합정은 어떤가? 이것은 다수가 지배해야 한다는 조건 (2)에 부합하는 것처럼 보인다. 그러나 시민의 지배 형태인 혼합정은 이상적 정치체제에 부합하기 위해서는 그 시민의 수가 지나치게 많아 보인다. 왜냐하면 1인이나 소수는 덕에서 두드러질 수 있으나, 다수는 덕에서 완벽해지기 어렵기 때문이다(1279a39~40). 아리스토텔레스는 제3권 제7장 1279b1~2에서 다수는 덕 중에서 낮은 단계를 차지하는 군사적인 덕(탁월함)에서나 완전해질 수 있기 때문에, '중간 정치체제'로 특징지어지는 혼합정을 제4권 제11장에서 이상적 정치체제와 대조시키고 있다.

혼합정인 정치체제는 중장비 병장기를 소유한 계급들이 통치한다. 무기를 소유한다는 것은 스스로 장비를 갖출 충분한 재산을 가지고 있다는 것을 의미한다. 이런 의미에서 '중산 계급의 공화국'이라 할 수 있다. 이 정치체제에서는 그 통치 계급이 가능한 덕이 있는 자들이기 때문에 다수에 의한 올바른 정부 형태를 가진다. 하지만 그들은 특히 군 사적인 탁월성을 소유하기 때문에 시민들에게 널리 공유 될 수 있는 덕이다. 이런 이유로 아리스토텔레스는 다수에 의한 올바른 정부 형태를 '혼합정'이라 부른다.

그럼에도 이 정치체제는 제7권, 제8권에서 논의하는 이 상적 정치체제와는 잘 들어맞지 않는다. 거기에서는 이상 적 정치체제를 귀족정과 혼합정의 특징들을 한데 결부시 키고 있는 것처럼 보이며, 덕을 갖춘 다수의 시민들이 번갈 아 지배해야 한다는 것은 귀족정의 특징과 다수의 지배라 는 '혼합정'의 특징을 갖기 때문이다. 그렇다면 위의 4가지 조건을 만족시키는 최선의 정치제제란 아리스토텔레스가 올바른 것으로 언급한 왕정, 귀족정, 혼합정 이외의 제4의 형태의 다른 어떤 정치체제란 말일까? 아리스토텔레스가 제시하는 가장 이상적 정치체제는 몇 가지 규정을 가진다.

(1) 시민을 위한 최선의 삶의 방식, 즉 시민에게 행복을

줄 수 있어야 한다. 또 정치적 삶과 더불어 철학적 삶을 살 수 있어야 한다(제7권 제1장~제3장).

(2) 이상적 폴리스는 그 인구, 영토, 위치에서 최적을 조건을 갖춰야 한다(제7권 4장~제7장).

(3) 폴리스를 구성하는 부분들과 그 역할 및 공동식사제도와 같은 정치적 제도를 구비하고 있어야만 한다(제7권 제8장~제10장).

(4) 시민의 건강과 안정을 위한 폴리스의 위치와 지형, 도시 설계가 적합해야 한다(제7권 제11장~ 제12장).

(5) 이상적 정치체제를 위한 교육이 완벽해야 한다(제7권 제13장~제8권 제4장).

아리스토텔레스의 관심은, 좋은 폴리스를 만드는 것은 '좋은 시민'일 뿐만 아니라 '좋은 인간'이 그 구성원이라는 데에 모아지고 있다. 그래서 아리스토텔레스는 정치학 제8권에서 폴리스의 정치체제를 보존하기 위한 교육paideia의 중요성을 논의한다. 특정한 정치체제를 보존하기 위해서는 시민들이 특정한 성격을 함양해야만 하기 때문이다(1310a12~36, 1260a 아래). 그래서 이상적 폴리스에서도 정치체제를 유지하기 위해서는 교육이 강조될 수밖에 없다.

하지만 아리스토텔레스는 자신이 생각하는 이상적 폴리스의 정치체제에 대한 명확한 언급을─현재 우리가 읽고 있는《정치학》에서는─하고 있지 않다. 다만 우리는 아리스토텔레스의 논의를 통해서 그의 이상적 정치체제의 모습을 그려볼 수 있는 몇 가지 단서들만을 붙잡을 수 있다.

(1) 이상적 폴리스에서의 시민의 행복은 무엇인가?
(2) 이상적 폴리스에서 정치체제는 정의로운가? 그 정치체제에서의 정의란 무엇인가?
(3) 이상적 폴리스에서의 교육은 무엇을 목표로 하는가?

이런 몇 가지 사항을 정밀하게 검토하게 되면, 아리스토텔레스의 이상적 정치체제에 대한 밑그림을 그릴 수 있으며, 그가 목표로 하는 이상적 정치체제를 밝혀볼 수 있을 것으로 기대할 수 있겠다.

이상적 정치체제에서의 행복

아리스토텔레스는 최선의 정치체제를 탐구하려는 사람은 '어떤 삶이 가장 바람직한 삶인지'를 규정해야만 한다고 말한다. 이것이 분명하게 되면 최선의 정치체제 역시 필연적으로 분명해질 수 있을 것이라고 그는 주장한다(제7권 제1장).

최선의 정치체제의 목적은 행복하고 축복받은 삶이다. 이 삶은 개인과 공동체에 공통하는 삶이어야 한다. 그렇다면 개인에게 가장 바람직한 삶은 무엇인가? 개인에게 가장 바람직한 삶은 '덕을 동반한 삶'이다(1324a25). 개인에게 가장 바람직한 삶이 공동으로 가장 바람직한 삶과 동일한 것인가 동일하지 않은 것인가? 가장 바람직한 삶은 행복이다. 아리스토텔레스는 개별적 인간의 행복과 폴리스의 행복이 일치해야 한다는 주장을 일반적 통념으로 받아들인다.

《정치학》에서 내린 행복의 규정도 윤리학 저작에서의 논의와 마찬가지로 "덕의 활동이고 덕의 완전한 사용이다."(1332a9~10) 그런데 '외적인 좋음을 충분히 구비한 덕을 갖춘 삶'은 최선의 정치체제를 전제해야만 한다. 외적인 좋음이란 재산, 명예, 외모와 같은 것이다. 최선의 정치체제는 "누구든지 그것에 따라 어떤 방식으로든 간에 최선으로 행동할 수 있으며 축복받고 살 수 있는 질서"(1324a23~25)이다. 이 정치체제에서 인간은 정치적이고 실천적인 삶을 살아갈 수 있다. 최선의 정치체제는 '폴리스를 가장 행복하게 해줄 수 있는 것'(1332a8)에 의해서 최선으로 통치될 수 있기 때문에 '행복은 무엇인가'를 그 바탕에 깔고 있어야 한다.

그런데 아리스토텔레스는 《니코마코스 윤리학》 제10권 제7장에서 '지성에 따른 관조적 삶'theōrētikos bios이 가장 행복한 삶이라고 말한다. 그렇다면 단지 '도덕적 덕에 맡겨진 삶'은 그만 못할 수 있다. 이 논의에 따르면, 지성에 따르는 가장 자족적이고 완전히 행복한 삶은 '철학적 혹은 관조적 삶'이다. 그렇다면 자연스럽게 따라 나오는 물음은 이것이다. '이상적 폴리스에서의 시민들은 철학적 삶을 살아야만 하는가?'

앞서 "누구든지 그것에 따라 어떤 방식으로든 간에 최선으로 행동할 수 있으며 축복받고 살 수 있는 질서"를 최선의 정치체제라고 했다. 여기서 말하는 '어떤 방식으로든' 은 '이론적이든(관조적이든) 실천적이든(정치적이든)'을 의미할 수 있다. 그렇다면 이상적 폴리스에서의 시민은 정치적일 뿐만 아니라 관조적 삶인 철학적 삶을 살아야만 하는가? 실제로 아리스토텔레스는 '가장 바람직한 삶은 덕을 동반한 삶'이라고 동의한 사람들도 '정치적이고 실천적인 삶이 선택할 만한 것인지 모든 외적인 것에서 해방된 삶이 선택할 만한 것인지'에 대해 논쟁을 벌인다고 지적한다(제7권 제1장과 제2장). 철학적 삶과 정치적 삶, 이 두 가지 삶의 방식 중에서 어느 것이 더 바람직한 삶인가?

정치적 삶은 부정의를 포함하지 않지만, 활동적이기 때문에 그 자신의 안녕에 방해를 가져올 수 있다. 반면에 철학적 삶은 활동적이지 않다. 아리스토텔레스는 제7권 제1장과 제2장에서 명확히 철학적 삶이 더 나은 것이고 정치적 삶은 더 열등한 것이라는 결론을 이끌어내고 있지는 않다. 하지만 시민 교육에 대한 논의를 진행하는 중에 이상적 폴리스의 시민들은 도덕적 덕과 철학을 함께 가지고 있어야 한다고 주장한다.

이러한 좋음들의 풍부함 속에서 더 여가를 지내는 그 만큼 이들에게는 철학과 절제와 정의가 절실하게 필요하기 때문이다. 그러므로 장차 행복해지고 훌륭해지려는 폴리스가 이러한 덕들을 왜 공유해야만 하는지는 명백하다. 왜냐하면 좋은 것들을 사용할 수 없다는 것도 부끄러운 일이지만, 게다가 일하거나 전쟁하는 동안에는 좋은 사람임을 보여주면서도 평화를 누리고 여가를 즐기는 동안에는 노예적임을 보여주면서, 여가를 보낼 때에 좋은 것들을 사용할 수 없다는 것은 더욱 부끄러운 일이기 때문이다. (1334a31~39)

이 대목에서 언급되는 '평화와 여가를 누리기 위한 철학'의 필요성이란 말을 어떻게 이해할 것인가? 여기서 말하는 철학이란 엄밀한 의미에서의 철학이 아니라, 음악과 시와 같은 여가 활동을 위한 대중적인 의미에서의 철학을 말하는 것인가? 아니면《니코마코스 윤리학》제10권에서 말하는 진지한 의미에서의 관조적 활동을 위한 철학을 말하는 것인가? 만일 이상적 폴리스의 시민들에게 느슨한 의미에서의 철학만을 교육한다면, 그 시민들은 진지한 의미의 '철학적 삶'을 살지는 못할 것이다. 그럼에도 이상적 폴리스에서의 시민들이 덕을 갖춘 삶을 살고자 한다면 어느 정도까지 철학적 교육이 필요하다는 점을 부인할 수는 없을 것이다.

이상적 정치체제에서의 정의

이상적 정치체제가 정의롭다면, 그 정치체제는 공동의 이익을 목표로 한다.

공동의 유익함을 고려하는(겨냥하는) 정치체제들은 단적으로 정의로운 것[의 기준]에 따라 올바른 것으로 드러나는 반면에, 지배하는 자들 자신만의 유익함을 고려하는 정치체제들은 모두 잘못된 것들이고, 올바른 정치체제들로부터 벗어난(타락한) 것parekbasis들이라는 점은 명백하다. 왜냐하면 이러한 정치체제들은 주인의 지배와 같은 것들인 반면에, 폴리스는 자유로운 사람들의 공동체이기 때문이다. (1279a18~21)

정치체제의 옳고 그름을 가리는 기준은 '공동의 유익함'

이다(1279a28~31, 1282b16~18). 따라서 개인의 유익함이 아니라 공동의 유익함을 위한 정치체제는 정의롭다. 아리스토텔레스가 말하는 공동의 유익함이란 무엇인가? 아리스토텔레스는《니코마코스 윤리학》제1권 제2장에서 최고의 좋음과 정치학을 논의하면서 정치학의 목적이 '인간적인 좋음'이라고 말한 바 있다.

　'공동의 유익함을 고려하는 것이 정의로운 것'이라는 주장은 어떤 의미일까? 물음은 두 가지로 나뉠 수 있다.

　전체의 행복: (1) 공동의 이익은 폴리스 전체의 좋음이고, 폴리스의 좋음이 그 구성원 각자의 좋음보다 더 우월한 것인가?

　공통의 행복: (2) 공동의 이익을 진작하는 것이 개인의 좋음을 진작시키는 것인가?

　(1)은 전체주의적 입장으로 실체적인 의미에서 개인은 권리를 가지고 있지 못하다. (2)는 (1)이 전체의 행복을 우선시하는 데 반해서, (2)는 시민들 상호간의 '공통의 행복'을 말하는 것으로 해석될 수 있다.《정치학》제2권에서 플라톤의 이상적 폴리스에 대한 아리스토텔레스의 비판은

그것이 지나치게 전체주의적이란 것이었다. (1)은 폴리스 전체의 유익함을 위해서는 개인의 희생을 감수할 수 있을 것이다. 과연 물음 (1)만으로 아리스토텔레스의 입장을 전부 해명한 것일까? 만일 (1)이 그의 입장이라면 아리스토텔레스는 전체주의적 입장이라고 보아야 할 것이다. (1)은 다시 (1)″ '폴리스는 대부분의 시민들이 행복할 때에만 행복하다'로, (2)는 (2)″ '폴리스는 시민들 각자가 행복할 때에만 행복하다'로 해석될 수 있다.

아리스토텔레스의 이상적 폴리스가 개인의 좋음 혹은 권리를 인정하는지의 물음은 그것이 시민들 상호의 유익함을 진작시키는가에 달려 있다. 다시 말해 아리스토텔레스가 과연 시민들 상호간의 공통의 행복을 말하고 있는가 여부이다. (2)의 입장을 지지하는 아리스토텔레스의 주장은 이것이다.

> 최선의 정치체제는 필연적으로 누구든지 그것에 따라 어떤 방식이든 간에 최선으로 행동할 수 있으며 축복받고makarios 살 수 있는 조직(질서, taxis)임은 명백하다. (1324a23~24)

여기서 "누구든지"는 어떤 시민도 행복한 삶으로부터 배제될 수 없다는 것을 함축한다. 또 최선의 폴리스에서는 시민들만이 진짜 구성원이 될 수 있다.

> 자연에 따라서 구성된 다른 것(유기체, 즉 동식물)들에서처럼, 그 것 없이는 전체가 존재할 수 없는 것들은 전체 복합물의 부분들이 아니기 때문에, 폴리스를 위해 필연적으로 있어야만 하는 그러한 것들을 또한 폴리스의 부분으로 가정하지 말아야만 한다는 것은 분명하다. (1328a21~25)

여기서 아리스토텔레스는 '폴리스의 부분들'은 시민의 구성원이 될 수 없다고 말한다. 자연적으로 존재하는 모든 것들 중에서 그 사물이 존재하기 위한 필연적 조건들은 그 부분들과는 구별된다는 것이다. 모든 필연적 조건이 그 사물의 부분들이 아니라, 단지 공통적인 어떤 것만이 그 부분이라는 것이다. 여기서 아리스토텔레스는 그들 없이는 전체가 존재할 수 없는 것들과 폴리스의 부분들을 구별한다. 그들 없이는 폴리스가 형성될 수 없는 사람들은 농부들, 기술자들, 임금노동자들을 말한다(1329a38~40).

동식물은 단순히 부분들의 모음이 아니다. 이는 폴리스도 마찬가지이다. 공기, 물, 식물 없이는 동물은 존재할 수 없다. 이것들은 다리와 뼈처럼 동물의 부분들일 수 없다. 폴리스에서 '공통적인 어떤 것'이란 '최선의 가능한 삶'(1328a36)이고, 다른 말로는 '행복'이다. 이것은 덕과 분리될 수 없다(1329a22). 덕의 성취에서 배제되는 직업들, 즉 '그것 없이는 폴리스가 경영될 수 없는 것들', 가령 농부들, 기술자, 일용 노동자, 상인들은 폴리스의 부분일 수 없으며 시민이 될 수 없다는 것이다. 요컨대 폴리스의 참된 구성원인 시민들만이 폴리스의 목적에 참여해야만 한다.

(5) [이상적] 폴리스는 최선의 가능한 삶을 목적으로 하는 비슷한 사람들homoioi의 어떤 공동체이다. (1328a35~36)

우리가 (5)를 받아들이면 폴리스의 모든 진정한 구성원들은 최선의 가능한 삶의 목적에 참여해야만 한다. 어떤 경우를 보고 폴리스가 행복하다고 말할 수 있는가?

우리는 그것의(폴리스의) 어떤 부분을 보고 폴리스를 행복하다

고 부르지 않아야만 하고, 오히려 시민들 전체를 보고 그렇게 불러야만 한다. (1329a23~25)

최선의 폴리스는 시민의 덕을 위한 교육 관점에서도 시민들 '공통의 유익함'을 추구하고 있다는 점이 밝혀질 수 있다.

폴리스는 정치체제에 참여한 시민들이 훌륭하기 때문에 훌륭한 것이다. 우리 폴리스에서는 모든 시민들이 정치체제에 참여하고 있다. 따라서 우리는 어떻게 한 인간이 훌륭해지는지를 탐구해야만 한다. 왜냐하면 설령 시민들 각자가 [개별적으로는] 훌륭하지 않고도 모든 시민이 [전체적으로] 훌륭할 수 있다고 하더라도, 시민들 각자가 훌륭한 것이 더 선택될 만하기 때문이다. 시민들 각자가 훌륭한 경우에 시민들 전체가 훌륭하다는 것이 따라 나오니까. [하지만 이 역은 참이 아니다.] (1332a32~38)

여기서 아리스토텔레스는 시민을 개별적으로 또 집합적으로 구분하고 있다.
(1) 모든 시민은 훌륭해야만 한다.

(2) 각각의 시민은 훌륭해야만 한다.

(2)가 (1)보다 더 강하다. 시민들 각자가 훌륭한 경우에 시민들 전체가 훌륭하다는 것이 따라 나오기 때문이다. 즉 (2)는 (1)을 함축한다. 따라서 (2)가 더 바람직하다. (1)로부터는 (2)가 따라 나오지 않는다.

그렇다면 개인이 훌륭하지 않고는 폴리스 전체가 훌륭해질 수 없다. 행복은 덕을 필요로 한다. 개인의 훌륭함이 개인의 행복을 가져오듯이, 시민 전체의 훌륭함이 폴리스의 행복을 수반한다. 요컨대 "대부분이나 모든 부분 혹은 어떤 부분이 행복을 소유하지 않고 그 전체가 행복해지는 것은 불가능"(1264b17~18)하다. 개인의 행복 없이 전체가 행복해질 수 없다. 다시 말해 폴리스는 그 구성원들이 행복한 경우에만 행복할 수 있다.

이렇게 되기 위해서 모든 시민이 공교육을 통해서 교육받아야만 한다(1337a27~32). 시민은 폴리스의 부분이기 때문에 그 자신에게 속하는 것이 아니라, 폴리스에 속해야만 한다. 게다가 최선의 정치체제에서의 시민은 그 정치체제에 적합한 시민의 덕을 가지고 있어야만 한다. 아버지가 원하는 대로 자식을 교육시킬 수는 없다. 아이들은 그 정

치체제에 적합하도록 교육받아야 한다. 따라서 각각의 시
민을 돌본다는 것은 전체로서 폴리스의 돌봄을 목표로 하
는 것이다.

6장

호모 오이코노미쿠스

homo oeconomicus

아리스토텔레스는 오늘날 우리가 직면한 많은 경제적 문제들을 묻고 있다. 자본 축적은 정당화될 수 있는가? 자본을 통한 이득은 도덕적인가? 인간은 합리성을 바탕으로 경제적 활동을 하는가? 왜 우리는 합리성에 기초한 경제적 활동이 윤리적이어야만 한다고 생각하는가? 과연 이득의 추구가 도덕적으로 비난받아야 하는가? 경제적 인간도 윤리적 인간 homo ethicus 이어야만 하는가?

플라톤은 돈벌이를 목적으로 하는 일상적 상업 kapḷēkē 활동을 도덕적 이유를 들어, 교역 활동 자체를 비난한 바 있다. 그는 교역에 편리한 바다는 "날마다 즐거움을 주지만, 참으로 몹시 짜고 쓴 이웃"이라고 말한다. 플라톤은 경제 활동을 "교역과 소매업을 통한 돈벌이로 그 지역을 채우게 함으로써, 사람들의 영혼에 변덕스럽고 믿을 수 없는 성격을 낳아, 그 시민들을 자체로도 믿을 수 없고 친애하지 못하게 만든다"고 주장한다(《법률》, 705A). 아마도 이 주장은 당시 그리스인들에게 널리 공유된 생각이었을 것이다. 그

리스인들은 교역 활동을 자유인이 참여하기에는 적합한
것이 아니고, 상업에 종사하는 것을 천한 일로 간주했다.

가정경영술, 획득술, 교역

아리스토텔레스는 가정경영술을 가장 자연스러운 것으
로 본다. 그는 인간의 공통된 능력을 사용함으로써 가정
oikos과 삶에 필요한 것을 만족시켜 나아가는 자연스런 과
정을 가정경영술oikonomikē이라고 부른다. 이 과정에서 부족
한 것이 찾아진다면, 획득하는 과정으로 나아가지 않을 수
없다. 가정경영술은 가정에 부족한 것을 제공하는 획득 수
단과 관련 맺고 있다. 그 수단은 모든 종류의 재산일 수도
재화일 수도 있다. 모든 종류의 재산과 재화를 획득하는
것 자체도 하나의 기술이다. 그 기술을 아리스토텔레스는
'획득의 기술'로서 획득술chrēmatistikē이라고 부른다.

가정경영술과 획득술은 원칙적으로는 동일한 것이 아
니다. 후자는 '제공'하는 것이고, 전자는 '사용'하는 것이
기 때문이다. 그러나 재산 획득술이 '자연적으로' 이루어

질 때는 하나의 유형으로서 가정경영술의 일부가 된다
(1257b27~28). 이와는 다른 유형의 획득술이 있을 수 있다.
그것 역시 재화를 획득하는 기술로서 획득술이라고 불려
진다. 사람들은 이것을 자연적으로 이루어지는 유형의 획
득술과 같은 것으로 믿고 있지만, 실제는 동일한 것이 아
니다. 이것은 자연적이지 않으며, 어떤 종류의 기술과 경
험으로부터 생겨나기 때문이다(1256b40~1257a). 아리스토
텔레스는 이것을 교역(상업, 비즈니스: kapēlikē)이라고 부른
다. 교역은 나쁜 의미의 획득술이다.

재화를 획득하는 기술은 두 종류가 있다. 하나는 교역 상업에
관련된 것이고 다른 하나는 가정경영술에 관련되어 있다. 후
자는 필수불가결하고 칭찬받는 것이지만, 교환과 관련되는 종
류의 것은 정당하게 비난받아야 한다. 왜냐하면 그것은 자연
에 따르는 것이 아니라 서로서로로부터 오는 것이기 때문이
다. (1258a39~1258b2)

"서로서로로부터 오는 것"(1258b1~2)이란, 상업적 교역
을 함으로써 이익을 남기려는 모든 사람들에게서 누군가

가 이익을 보면, 누군가는 반드시 손실이 발생한다는 의미이다(《수사학》, 1381a21~33, 《오이코노미카》, 1343a27~30 참조). 이 말은 '자연에 따르는' 방식인 "곡식과 동물들로부터 재화를 획득하는" 것과 대조되는 표현이다. 요컨대 상호 교역은 교역자 서로 간에 편취하고 사기 치는 것으로부터 파생된다는 것이다. 나아가 아리스토텔레스는 금융업에 반대하는 입장을 명확히 피력한다. 돈을 통해 돈을 버는 것은 가장 '자연스럽지' 못한 일이기 때문이다. 따라서 그것은 비도덕적일 수밖에 없다.

저리低利로 이자 놀이를 하는 기술obolostatikē은 가장 정당하게 미움을 받게 되는데, 그 획득이 돈이 고안된 바로 그 목적으로부터가 아니라 돈 그 자체로부터 오는 것이기 때문이다. 왜냐하면 돈은 교환을 위해서 생겨난 것이지만, 이자tokos는 돈 자체의 양을 증대시키기 때문이다. 바로 거기서 그것이 그 이름을 갖게 된 것이다. 왜냐하면 부모와 닮은 것은 정확하게는 자손이고, 이자는 돈으로부터 돈으로서[1] 생겨난 것이기 때문이

1 그 관계가 '부모-자식 관계'와 같다는 것이다.

다. 따라서 재화를 획득하는 모든 방식 중에서, 이것은 실제로
가장 자연에 어긋나는 것이다. (1258b2~8)

아리스토텔레스는 돈으로 돈을 버는 이자놀이에 반대한
다. 고리대금업usury과 같은 이자를 통한 수입을 거부한다.
당시 대부에 대한 이자율은 고리高利, 평균적 이자율, 저리
低利 등이 있었다고 하는데, '고리대금업'은 정의롭지 않을
뿐만 아니라 당연하게 비난받아 마땅한 것이었다.《니코마
코스 윤리학》에서는 '부끄러운 취득욕'aischrokerdeia을 언급
하면서, 그중 하나로 적은 돈을 높은 이자로 빌려주는 고
리대금업자를 언급하고 있다(1121b34).

아리스토텔레스가 '돈'으로 '돈'을 버는 것, 요즘 식으로
말하자면 '금융 산업'에 대해서 무겁게 비판하는 입장에
서 있다면, 우리는 아리스토텔레스를 오늘날에 널리 퍼져
있는 금융 자본주의뿐만 아니라 이윤추구를 극대화하는
'신자유주의'에 대해서도 적대적인 입장에 서 있는 것으로
해석할 수 있다.

교환을 통한 상업 활동

이와는 달리 아리스토텔레스가 표명하고 있는 교역에 대한 긍정적 입장도 찾아볼 수 있다. 우리는 이를 통해 그가 비판의 목표로 삼고 있었던 것은 교역 자체에 대해 비판적 입장에 서는 것이 아니라 교역을 통한 부의 창출, 다시 말해 돈과 가치의 교환을 통한 부의 축적이라는 점을 알아낼 수 있다. 그에 따르면 경제 활동은 수단으로서는 정당할 수 있으나, 그 '목적'이 잘못되어 있다는 것이다.

상업 활동에 대한 앞서의 적대적 입장과 달리 아리스토텔레스는 《니코마코스 윤리학》 제5권 제5장 및 《정치학》 제1권 제8장~10장에서 자신의 경제관을 긍정적으로 피력하고 있다. 그는 경제 활동의 기원은 무엇인가, 왜 우리는 돈이라는 경제 활동의 수단을 만들어냈는가 하는 문제를 묻고 있다. 그는 여기서 이른바 교환적 정의를 자세하게 논의하고 있다.

아리스토텔레스는 교환의 기원을 이렇게 설명한다. 교환은 "어떤 것은 충분한 것보다 더 많이 가지고 있고, 어떤

것은 충분한 것보다 더 적게 가지고 있는 인간의 자연적
조건에 그 최초의 기원을 두고 있다."(1257a15~18) 이런 기
원을 가지고 있기 때문에 교환을 전제로 하는 상업은 재화
를 획득하는 자연적인 기술이 아니라는 것이다. 교환하는
사람이 충분한 것을 얻게 되는 한에서만 교환에 참여하기
때문이다. 이제 교환을 통한 교역의 종류에 대해 알아보기
에 앞서 교환적 정의에 대해 간략히 살펴보기로 하자.

정의와 교환적 정의

　기본적으로 정의는 '각자의 몫을 각자에게 부여하는'suum
cuique tribuere 것이다. 모두에게 양적으로 동등하게 분배하는
산술적 정의가 가장 정의로운 것처럼 보인다. 인간은 수적
으로뿐만 아니라, 인간에게 고유한 어떤 '가치'를 가진다.
그렇다면 수와 가치에 따라 동등하게 몫이 분배될 때에야
비로소 정의가 성립할 수 있을 것이다. 아리스토텔레스는
《니코마코스 윤리학》 제5권에서 본격적으로 '정의'의 문제
를 다룬다. 제1장, 제2장에서는 정의란 무엇인가를 논의하
기 위한 예비적 작업으로 정의와 부정의의 여러 유형을 설
명한다. 그런 다음 제3장 제4장에서는 분배적 정의와 시정

적 정의를 다룬다.

제5장에서는 '정의는 보복'(되갚음; antipeponthos)이라는 피타고라스학파의 생각을 검토하기 시작한다. 아리스토텔레스는 당한 것만큼을 되갚는 보복적 정의는 분배적 정의와 시정적 정의에 적합하지 않다고 주장한다. 요컨대 사람들이 죽은 다음에 하데스에서 심판하는 재판관이었던 제우스의 아들 라다만튀스Rhadamantus 식의 '눈에는 눈' 같은 원칙은 올바른 정의일 수 없다. "누군가가 자신이 행했던 바로 그것을 겪는다면 올곧은 정의dikē가 이루어"질 수 없다. 이를테면, "지휘권을 가진 사람이 누군가를 때렸다고 해서, 그 되갚음으로 얻어맞아야만 하는 것은 아니지만, 누군가가 지휘하는 사람을 때렸다면 그는 얻어맞아야 할 뿐만 아니라 징벌까지 받아야만" 하기 때문이다.

제5장의 논의는 다음의 같은 단계를 밟아간다. 먼저 아리스토텔레스는 '이에는 이, 눈에는 눈' 식의 되갚음(보상)을 거부한 다음 새로운 형식의 정의를 내놓는다. 그는 먼저 (1) 공정한 교환은 일종의 '되갚음'(보상)이라는 전제로부터 출발한다. 이에 따라 그가 내세우는 새로운 정의란 이렇게 된다. 즉 (2) "되갚음은 비례에 따른kat' analogia 것이

지, 동등성에 따른 kat' isotēta 것이 아니다."(《니코마코스 윤리학》, 1132b32~33) 폴리스는 비례적인 보상에 의해 유지되어야 하니까. 이를테면 하나의 신발에 하나의 집이 교환되는 것이 아니라, 집이 더 크기 kreitton 가 크고 더 많기 때문에 '비례에 따라서' 하나의 집에 대해서 많은 신발이 교환되어야 한다. "사람들은 좋은 것에는 좋은 것으로 갚으려 하기 때문이다. 이렇지 않다면 서로 주고받는 일은 일어나지 않을 테니까."(《니코마코스 윤리학》, 1133a1~3)

'비례의 동등성'이 확보되어야만 교환이 일어난다. 다시 말해 신발과 집의 비율이 동등화 iasthēnai 되어야만 한다(《니코마코스 윤리학》, 1133a18, 1133b15~16). 이렇게 동등화가 이루어졌을 때, 비례에 따른 '비율의 보상'에 입각해서 (3) 제작물의 비례에 따른 교환 antidosis 성취된다(《니코마코스 윤리학》, 1133a8~12). 다시 말해서 '비율의 보상'은 '비율의 동등성'에 의존한다.

아리스토텔레스는 다음 단계의 문제로 들어선다. (4) 한 제작물의 어떤 양이 다른 제작물의 어떤 양과 동등한 관계를 갖는다면, 두 제작물은 "어떤 방식으로 측정 가능할 수 있어야 sumblēta pōs" 한다(《니코마코스 윤리학》, 1133a19~20). 요컨대 두 가지 것이 측정될 수 있는 어떤 차원이 있을 때, 오직 그때에만 양자 사이에 동등성의 관계가 성립한다는 것이다. 그러면서 아리스토텔레스는 '어떤 방식으로 측정 가능할 수 있어야' 한다는 말을 '측정 가능성'(측정할 수 있음; summetria)으로 더욱 정밀하게 정의한다. 그럼에도 아리스토텔레스는 제작물들, 즉 생산물을 동등화시킬 수 있는 '측정 가능성'을 어떻게 실현할 수 있는지에 대해서는 명확하게 언급하고 있지 않다. 다만 이 대목에서 우리가 읽어낼 수 있는 것은, 측정 가능성이 없다면 두 생산물 간의 동등성이 그것들 간의 비율 사이에서 유지될 수 없다는 점뿐이다. 이것이 가능하지 않다면 교환에서의 정의가 성립할 수 없다.

돈과 교환

돈은 일종의 척도metron로서, 물품들을 같은 척도로 잴 수 있게 만들어 그것들을 동등하게 만드는 것이다. 그래야 교환이 이루어질 수 있다.

우리가 추정할 수 있는 한, 생산물을 동등화시킬 수 있는 '측정 가능성'을 어떻게 실현할 수 있는지에 대한 문제에 대해 아리스토텔레스는 두 가지 생각을 가지고 있었던 것 같다.

첫째, 아리스토텔레스는 화폐가 물품들을 같은 척도로 잴 수 있게 만들어 그것들을 동등하게 한다고 주장한다(《니코마코스 윤리학》, 1133b17~20). 아리스토텔레스는 명확히 비율의 동등성의 실현의 중요성을 인지하고 있었다. "교환이 없었다면 공동체가 없었을 것이며, 동등성이 없었다면 교환이 없었을 것"이라고 명확하게 밝히고 있기 때문이다. 또 그는 서로 다른 두 생산물 간의 '비율의 동등성'이 화폐를 통해 가능할 수 있다고 주장한다. 화폐는 교환을 가능하게 하는 '척도'로 작동할 수 있다. 화폐는 모든 것의 공통된 척도이며, 제작물들을 측정 가능하게 만들어서, 따라서 제작물들을 동등하게 만들어줄 수 있기 때문이다.

'돈이 모든 것을 측정'해서 교환을 가능하게 해준다. 그는 화폐와 교환에 관련해서 이렇게 말한다.

이런 까닭에 교환되는 모든 것들은 어떤 방식으로든 서로 비교될 수 있어야만 한다. 바로 이것을 위하여 돈이 도입되었으며, 돈은 일종의 중간자가 된 것이다. 돈은 모든 것을 측정해서, 넘치는 부분이나 모자라는 부분까지 측정하고, 가령 몇 켤레의 신발이 집 한 채와 같은지 혹은 식량과 같은지까지 측정하기 때문이다. 그러니 집 짓는 사람이 신발 만드는 사람에 대응하는 것처럼, 신발의 숫자는 집 한 채 혹은 얼마만큼의 식량에 대응해야 하는 것이다. 그렇지 않다면 교환이나 공동체는 있을 수 없을 것이다. 《니코마코스 윤리학》, 1133a19~25)

둘째, 아리스토텔레스는 공동체에서의 '필요'가 교환을 성립할 수 있게 해준다고 주장한다. 제작물들을 측정 가능하게 만드는 것이 바로 필요라는 것이다. 우리는 경제적 측면에서 필요를 '유용성'utility으로 이해할 수도 있겠다. 교환은 '우리의 필요와 관련해서 충분히 가능한 일'이다. 도대체 여기서 말하는 '필요'란 무엇을 의미하는 것일까? 그가 말하는 필요는 사물들 간의 '측정 가능한 치수'를 말하는 것으로 이해된다. 따라서 물품들을 동동한 것으로 교환 가능하게 만들어주는 것, 즉 기준은 "참으로 모든 것을 연결시켜주는 필요이다. 아무것도 필요로 하지 않거나 같은 방식으로 필요로 하지 않았다면, 교환은 전혀 없거나 혹은 동일한 교환이 아닐 것이다. 그런데 돈이 관행sunthéké에 의해, 말하자면 필요의 교환 가능한 대리물이 된 것이다."《니코마코스 윤리학》, 1133a25~30)

필요가 기준이고 돈이 측정이라고 하면, 돈과 필요는 서로 밀접한 관련성을 맺고 있는 셈이다. 교환에서의 돈의 역할과 같이 교환을 성립 가능하게 하는 경우에서의 필요도 역시 유사한 역할을 수행한다. 필요가 교환이 가능하도록 동등화를 만들어낸다는 점에 대해서 그는 다음과 같이 말한다.

필요가 사람들을 진정한 하나로서 결속시킨다는 것은 다음과 같은 사실로부터 명백해진다. 즉 교환에 참여하는 당사자들에게, 양자 모두 그렇건 둘 중 한쪽만 그렇건, 필요가 없다면, 교환도 이루어지지 않는다. 마치 어떤 사람이 필요로 하는 것, 가령 포도주를 자신이 가지고 있을 때, 상대방은 포도주를 요구하는 대신 곡물 수출을 허가했을 때처럼 말이다. 그러므로 이 경우도 동등하게 되는 것이다. 《니코마코스 윤리학》, 1133b6~10).

아리스토텔레스는 부를 "가정경영과 관련된 사람들과 정치가에 속하는 도구들의 집합"이라고 정의한다. 부가 도구라는 것은 '사용'을 전제한다. 부는 소유하는 것이 아니라 사용하는 데 필요한 것이다. 부를 이루는 것은 재산의 활동과 사용이다(《수사학》, 1361a23 아래). 부에는 두 종류가 있다. 하나는 자연에 따른 부를 획득하는 기술인데, 이것은 가정 경영술에 속한다. 반면에 교역 상업에서의 기술은 물건의 교환을 통해서 부(재화; ploutos)를 만들어내는 것과 관련된다.

돈의 기원을 정리해보면 이렇다. 우리는 살아가면서 늘 다른 사람과 다른 어떤 것을 교환해야 한다. 교환되는 모든 것들은 어떤 방식으로든 서로 비교될 수 있어야만 한다. 바로 이것을 위해 돈이 도입되었다. 돈은 교환 목적으로 주고받는 어떤 것으로, 그 자체적인 가치를 가지고 있으며, 삶의 목적을 위해 사용하는 데에 편리한 수단으로 도입되었다. 처음에는 돈이 그 가치가 크기와 무게에 의해 결정되었지만, 인위적인 측정을 넘어 얼마만한 양의 징표로서 규약에 의해 결정되었다.

아리스토텔레스에게서 돈의 기능은 (1) 교환의 매개,

(2) 가치의 척도, (3) 가치의 축적이다. 그는 오늘날에 이루어지는 화폐의 기능 중에서 '지불 연기'deferred payments의 표준 수단은 인식하지 못했다.

사용가치와 교환가치

아리스토텔레스는 경제학적인 관점에서 최초로 사용가치와 교환가치를 구분했다. 이 점에서 그는 '경제학의 아버지'다. 이 구분이 현대 경제학적 사유의 토대가 되었다는 점은 널리 받아들여진다.

모든 소유물의 사용에는 두 가지가 있는데, 양자는 그 자체로 소유물을 사용하는 것이지만, 그 자체로 소유물을 사용하는 것은 동일한 것이 아니다. 하나는 그 사물에 고유한 것이고, 다른 하나는 그 사물에 고유한 것이 아니다. 예를 들면 샌들은 신는 데도 사용되고, 또한 교환metablētikē에서도 사용된다. 양자는 샌들의 사용이다. 왜냐하면 돈과 식량 대신에 샌들을 필요로 하는 사람에게 샌들을 교환하는 사람은 샌들을 샌들로서 사용하는 것이지, 그것에 고유한 그 사용은 아니기 때문이다. 그것은 교환을 목적으로 생겨난 것이 아니니까. 이와 동일한 것이 다른 소유물의 경우에서도 마찬가지로 해당한다. (1257a6~13)

아리스토텔레스는 그 사물, 즉 인공품에 고유한 자연적 속성을 사용가치라 부르고, 그 인공품에 고유하지 않은 것을 교환가치라 부른다. 신발이 교환의 물품으로 사용될 때에도 그 '고유한 것, 즉 본성'을 가지고 있어서 '신는다는' 측면은 보존된다. 여전히 다른 사람이 그것을 '신는' 것이니까. 하지만 교환을 위해 만들어진 것은 아니기 때문에 이러한 사용은 '고유한 것'이 아니다. 그렇다면 사용가치는 자연적인 것이고, 물품마다 질적으로 달라야 하는 개별적인 것이다. 가령 신발과 식량을 교환하고자 할 때, 교환이 성립되기 위해서는 이 양자가 함께 측정 가능해야 한다. 서로 다른 것을 어떻게 측정할 수 있는가?

5개의 침대=하나의 집=그만 한 음식=10,000원과 같이 사물 자체가 서로 간에 자연적으로 측정 가능하게 될 때, 그것들이 동등해져서 교환이 가능할 수 있다《니코마코스 윤리학》, 1133b23 이하).

교환가치는 동일한 물품들에 내재하는 것이다. 교환가
치는 양을 나타낸다. 아리스토텔레스는 어떤 종류의 양으
로 동등화되는지를 따진다. 가령, 5개의 침대는 하나의 집
으로 교환관계가 성립한다. 양의 본질에 대한 설명은 없으
나, 그는 교환가치가 하나의 양이라는 것은 염두에 두고
있다. 교환가치로서 상품들은 침대와 집으로서 양적으로
동등한 관계에 놓여 있으니까 말이다. '비슷함과 비슷하지
않음'은 질적으로 결정되고, '동등함과 동등하지 않음'은
양으로만 결정되는 것이다(《범주론》, 6a26~36). 요컨대 사용
가치는 오직 질의 범주로 정의되는 것이고, 교환가치는 양
으로만 정의된다. 아리스토텔레스는 '참된' 부를 사용가치
에 연결시키고, 그렇지 못한 부를 교환가치에 연결하고 있
는 것처럼 보인다.

교환의 방식: 상업 활동은 정당한 것인가

아리스토텔레스는 제작물의 교환 방식을 네 가지로 나
눈다. 이 방식들은 다음과 같은 일련의 과정을 거쳐 발전
된다. 그 첫 번째 형태가 돈을 사용하지 않고 제작물을 매

개 수단 없이 직접적으로 교환하는 방식인 물물교환이다
(1257a15~30).

첫 번째는 (1) 물물교환으로서 돈의 개입 없이 직접적으
로 상품을 교환하는 것이다. 우리는 이것을 C-C로 표현
할 수 있다.[2] 물물교환의 교역 방식은 물건을 사고파는 행
위가 하나의 행위로 통용되기 마련이므로 매우 편리하다.
최초의 공동체인 가정에서는 교환을 목적으로 하는 그 어
떤 기능도 이루어질 수 없다. 교환의 목적은 마을이라는
더 커진 공동체에서나 가능하다. 교환할 수 있는 물품을
가진 그 구성원들은 필요에 따라 필연적으로 교환하지 않
을 수 없었다. 물물교환은 실재의 사용 물품을 실재로 사
용 가능한 다른 물품으로 교환하는 것이다. 여기에는 아직
돈이 개입되지 않는 교환만이 있을 뿐이다. 이러한 교환은
곡식과 포도주를 교환하는 방식이기 때문에 '자연스러운'
것이다. 필요 충족에 대한 자연적 요구에 기여하는 것이어
서 어떤 유형의 재화를 획득하는 기술과 다르다.

앞서 논의했듯이 화폐는 교환을 편리하기 위해 도입되

---

2 C는 상품을, M은 돈을 기호로 나타낸다. 이것은 마르크스《자본론》의 기호
    표시에 따른 것이다.

었다(1258b4~5). 돈은 시공간 상으로 분리되는 사고(C-M)-파는(M-C) 행위를 용이하도록 도입되었다. 자연적인 필수품이 쉽게 운반될 수 없는 상황에서 돈이 개입되어 교환되는 형태라 할 수 있다. 돈을 매개로 사는 것(C-M)과 파는 것(M-C)을 말한다. 이것은 교환의 (2) 두 번째 교환 형태인 자연적으로 재화를 획득하는 기술^{chrēmatistikē}로 C-M-C로 표상된다.

사람들이 이 두 번째 유형의 교환에 익숙하게 되면서 이것으로부터 필연적으로 다른 유형의 교환술이 등장하게 되었는데, (3) 교환의 세 번째 형태는 '비자연적인' 것으로 시장에서 이루어지는 재화를 획득하는 기술이다.

삶에 필수적인 것들의 교환으로부터 일단 화폐가 도입되자 재화를 획득하는 기술의 다른 유형, 즉 교역 상업이 발생하게 되었다. 처음에는 그것이 아마도 단순한 일이었겠지만, 그다음에는 어디로부터 또 어떻게 교환을 함으로써 최대의 이익을 얻을 수 있을지를 경험을 통해 알게 되면서 교역 상업은 점점 더 기술적이 되었다. (1257b1~5)

이 단계에 이르면 사람들은 필요로 하는 것 이상으로 많은 부을 버는 것으로서, 이제 교역 상업은 돈에 관계되기 시작한다. 이것의 목적은 많은 부를 얻기 위해서 상품을 사고-팜으로써 돈을 획득하는 것이다(1257b1~40). 이쯤에 이르면, C-M과 M-C는 서로 분리되는 단계로 접어든다. 이것은 M-C-M으로 표상될 수 있다. 여기서 돈의 역할은 교환에서의 편리성을 보장하는 것이 되었다. "돈은 미래의 교환을 위한 것이다. 지금 당장은 필요하지 않지만, 나중에 필요하면 교환이 가능하도록 우리를 위해 '보증을 서는 것'이다. 돈을 가지고 가는 사람은 마땅히 그것을 얻을 수 있어야 하기 때문이다."(《니코마코스 윤리학》, 1133b10~13) 이러한 형태의 교환은, 아리스토텔레스에 따르면 "자연에 따르는 것이 아니라 서로서로로부터 오는 것이기 때문"에 마땅히 비난받아야 한다(1258b1~2).

이러한 형태의 교환이 비난받는 이유는 '서로서로로부터' 오는 것이기 때문이다. 즉 상업에 종사하는 사람이 상대방의 '손해'로부터 이익을 추구하기 때문이다. 그렇다면 이 교환방식은 비도덕적일 수밖에 없다. 하지만 그 획득이 교환의 수단으로 도입된 돈의 목적에 기여하는 것이라면 비난받지 않아도 될 것이다. 돈은 교환을 위해 꼭 필요한 과정으로서 그 과정의 수단으로만 받아들여져야 한다는 것이 아리스토텔레스의 생각이다.

여기서는 "돈은 교환의 요소이자, 그 한계이다."(1257b22) 다시 말해 돈이 교환의 출발점이자 목표라는 것이다. 요소는 교환에서의 없어서는 안 될 '기본적인 대행자'라는 것이고, 한계는 어떤 물건의 가격이 '그 교환가치를 결정한다'는 의미이다.

이런 방식의 재화를 획득하는 기술로부터 생기는 부에는 한계가 없다. 의술이 무한정하게 건강을 목표로 하듯이, 각각의 모든 기술들도 무한정하게 그 자체의 목적을 목표로 하기 때문이다. 그것들은 그 자체의 목적을 최대한으로 성취하기를 원하는 것이니까. 그러나 그 목적을 성취하기 위한 것들 중의 어떤 것[수단]도 한계가 없는 것은 아니다. 목적은 모든 기술의 한계이니까. 이와 마찬가지로 재화를 획득하는 바로 이 기술의 목적에도 한계가 없는 것은 아니다. 그 목적은 그러한 종류의 부, 즉 재화(돈)의 소유이기 때문이다. (1257b24~29)

따라서 돈을 벌려고 애쓰는 사람은 자신의 돈을 무한정으로 늘리려 한다(1257b34~35). 아리스토텔레스는 C-M-C와 M-C-M라는 두 교환의 형식을 서로 겹칠 수 있다는 점을 인정한다. 즉, C-M-C는 물건의 사용이나 즐김을 목적으로 하지만, M-C-M은 재산의 증대를 목적으로 한다.

재화를 획득하는 두 가지의 기술 각각은 동일한 것을 사용하기 때문에, 다시 말해 동일한 재산을 사용하기 때문에, 그것들의 사용이 서로 겹치는 것이다. 그러나 동일한 원칙에 따라 그것을 사용하는 것은 아니다. 하나는 재산의 증대가 그 목적이고, 다른 하나는 다른 어떤 것[사용이나 즐김]을 목표로 한다. 그래서 어떤 사람들은 이것이 가정경영술의 일이라고 믿고, 돈으로 가지고 있는 자산을 반드시 보존해야만 하거나 혹은 무한정으로 그것을 증대해야만 한다는 생각을 내내 지속적으로 유지하는 것이다. (1257b34~40)

이런 생각에 집착하는 사람은 물질적인 만족에 그치는 단순한 삶을 사는 것to zēn이고, 행복한 삶인 '잘사는 삶'에는 이르지 못한다.

(4) 교환가치의 발전에서 등장하는 네 번째 형태는 세 번째 유형에서 따라 나온다. 이른바 이자 놀이 기술[obolosta-tikē]로서 M-M으로 표상된다. 여기에는 전혀 '자연적인' 목적이 없다. 이것은 돈 자체를 위해서 이자를 목적으로 돈을 빌려주는 기술이다. 돈이 돈을 낳는 돈벌이 수단을 말한다. 돈이 혹은 교환가치 자체가 목적이 되는 것은 돈의 잘못된 사용 탓이다. 돈을 고안한 목적은 교환을 편리하게 하기 위해 도입되었으므로, 돈의 참된 본질은 이러한 수단이 되어야 함에도 불구하고 획득이 돈 그자체로부터 오는 것이기 때문에 이것은 잘못된 사용이다(1258b4~5).

게다가 이런 방식으로 재화를 획득하는 기술로부터의 부는 한계가 없다. 이렇게 축적된 부는 참된 부가 아니다. '이자'를 의미하는 그리스어 tokos는 일반적으로 새끼를 의미한다. 요컨대 이자를 통한 부를 획득하는 기술은 "돈으로 돈을 낳는"(1258b5) 것으로 가장 정당하게 비난받아야 마땅한 재화를 획득하는 유형으로서 가장 자연에 어긋난다는 것이다. 따라서 이러한 행위는 가장 비도덕적이다.

맺음말

민주정을 옹호하는가?

 아리스토텔레스에게서 집단 지성Collective Intelligence; Collective Wisdom이 가능할 수 있을지를 묻는 것이 우리에게 남겨진 마지막 논의 주제이다. 가능하다면, 다중의 지혜가 소수보다 더 나은 판단을 내리는가? 이것을 인정했다면 아리스토텔레스는 과연 민주주의 옹호자인가?

 아리스토텔레스는 다수가 모든 종류의 덕과 관련해서 완벽해질 수 있다고 믿지 않았다(1276b37~38, 1279a39~b1). 그럼에도 그는 시민의 다수가 최선의 개인보다 더 잘 지배할 수 있다고 주장한다. "다수가 함께 모였을 때에는 소수인 가장 좋은 사람들보다 더 나을 수가 있다."(제3권 제11장) 그런데 '다중 지혜의 우월성' 주장에 대한 기본적 전제가 되는 이 착상著想에는 정작 반대편 쪽의 입장이 함축되어 있는 듯하다. '너무 많은 요리사가 고깃국을 망치지 않는가'라는 반대편의 염려도 늘 끊이지 않으니 말이다. 반대편의 입장에 서는 사람들은 다수의 선택을 옹호하는 사람들을 향해 '대중의 광기를 먹고 사는 사람', '포퓰리즘의 아류'라고 비난할 것이다.

이른바 숙의 혹은 심의 민주주의deliberative democracy는 다수의 정치참여를 전제한다. 물론 여기에는 의사결정 과정에서에서의 합의적 결정과 다수결의 원리가 포함된다. 아리스토텔레스 역시 '다수결의 원리'를 받아들였다. 민회에서의 합의적 절차를 지킨다는 점에서는 합의적 결정 또한 아리스토텔레스는 승인할 것이다.

다수가 결정하는 어떤 것이든지 간에 우월하다는 것은 이 모든 정치체제에 속한다. 사실상 과두정, 귀족정, 민주정에서, 정치체제에 참여하는 사람들의 다수가 결정하는 어떤 것이든지 간에, 이것이 최고 권위를 가지기 때문이다. (1294a12~14)

그는 민주정과 관련해서 주저하지 않고 그 약점도 제시한다. 데모크라티아는 그 권력이 다수인 데모스(인민; dē-mos)에 의해 좌지우지되는 정치 형태이다. 인민은 물질적 자원이 부족한 '가난한 사람들'이다. 때론 데모스란 말 자체가 '민주정'을 가리키기도 한다. 인민은 생존하기 위해 일하지 않으면 안 된다. 그렇기에 여가scholē가 부족할 수밖에 없다. 여가의 부족은 필연적으로 정치에 전념해서 참여할 수 없게 만든다. 아리스토텔레스는 바로 이 점 때문에 가난한 사람들이 부자에 대해 적대감을 갖게 된다고 지적한다. 그래서 가난한 사람들이 권력을 잡게 될 때는 '공동의 좋음'보다는 그들 자신의 이익을 위해 지배하게 된다는 것이다. 극단의 민주정은 그들의 편견으로 인해 극단적으로 흐를 수밖에 없다. 좀 더 완화된 민주정은 덜 그렇게 될 수 있다. 어쨌든 모든 종류의 민주정은 나름대로 어느 정도 결함을 지닌 지배 형태를 가질 수밖에 없다.

아리스토텔레스는 이 지점에서 민주정을 향해 매우 복잡한 심사를 드러낸다. 그는 기본적으로는 다수의 지배에 반대하지 않는다. 민주정이라 부르는 '다수에 의한 지배'는 본래적으로 결함을 가진 정치체제는 아니다. 민주정의 좋음과 나쁨을 평가하는 기준은 다수의 지배가 '모든' 시민의 이익을 위한 것인지, 아니면 '그들 자신의' 이익만을 위한 것인지의 여부에 달려 있다. 다수의 지배를 표방하는 폴리테이아(혼합정)는 권력이 다수에 의해 공유되는 정치 형태이다. 이 정치체제는 아리스토텔레스가 올바르게 지배되는 것으로 받아들인 세 종류의 정치체제 가운데 하나였다.

'다수의 이익'을 위해 지배한다면 민주정(데모크라티아)이며, '모든 시민'을 위한 지배라고 한다면 그 정치체제는 아리스토텔레스가 올바른 정치제제로 평가한 폴리테이아(혼합정)이다. 그렇다면 아리스토텔레스가 민주정(데모크라티아)에 대한 비판자라고 할지라도, 다수의 지배인 '민주주의' 자체에 대한 비판자라고 할 수는 없겠다. 그에 대해서는 '적절하고 올바른 조건 하에서 정치 공동체가 시민 전체에게 권력을 부여할 수 있으며, 더 잘 지배될 수 있는 정치체제'를 옹호하고 있다고 평가하는 것이 더 공정할 수 있다. 주어진 상황이 적절하다면, 모든 시민은 기꺼이 공동의 좋음을 위해 좋은 결정을 내릴 수 있다. 이렇게 되면 모든 시민이 통치에 참여하는 셈이 된다.

현대의 민주주의 옹호자들은 아리스토텔레스와 달리 모든 시민이 동등한 권리를 가지며, 정치적 권력에도 동등한 권한을 가져야 한다고 주장할 것이다. 설령 시민이 공동의 좋음에 이바지하는 쪽으로 흘러가지 않는다고 해도 이 권리는 부정될 수 없으며, 제한될 수 없다고 말할 것이다. 하지만 아리스토텔레스는 다수가 통치에 참여하는 것이 적합할 수 있을 때에만 다수의 지배를 승인한다.

다수가 기부한 공적인 잔치

　민주정의 지배 원리에 대한 아리스토텔레스의 가장 중요한 언급은《정치학》제3권 제11장에 담겨 있다. 이 장은 "다수는 개개인으로서는 훌륭한 사람이 아니더라도, 다중 plēthos이 함께 모였을 때에는 소수인 가장 좋은 사람들보다 더 나을 수 있다"(다중의 지혜 논변)는 주장을 옹호하는 데에 있다. 이 맥락을 이른 바 '집단 지성'을 언급하는 것으로 이해할 수 있으며, '다중의 지혜 우월성 테제'를 주장하는 대목으로도 해석할 수 있다. 다중의 지혜 논변이 얼마간 문제를 갖고 있긴 하지만, '어떤 진리'마저 가지고 있다는 것이 그의 생각이다. 그는 이 주장을 뒷받침하기 위해 '논리적 증명'을 사용하기보다는 '수사적 유비'를 통해서 '우리를 이해시키려는 목적으로' 어떤 설명을 내놓고 있다.

　다수는 개개인으로서는 훌륭한 사람이 아니더라도, 다수가 함께 모였을 때에는 소수인 가장 좋은 사람들보다 더 나을 수가 있는데, 개개인으로서가 아니라 전체 집합으로서 그렇기 때문이다. (1) 마치 다수가 기부한 공적인 잔치 ta sumphorēta deipna가 한 사람의 비용으로 충당한 잔치보다 더 좋은 것처럼 말이다. 왜냐하면 다수가 있을 경우에 그들 각자는 탁월성(덕; aretē)과 실천적 지혜 phronēsis의 부분만을 갖지만, 다수가 함께 모일 때 (2) 다중은 마치 많은 발과 많은 손과 많은 감각을 지니고 있는 한 사람처럼 되듯이, 이와 마찬가지로 그들의 성품(성격; ta ēthē)과 현명함(생각; dianoia)에 대해서도 한 사람으로 될 수 있기 때문이다. 이런 까닭에 (3) 다수가 시가(음악, mousikē) 작품들과 시인들의 작품들을 더 낫게 판단한다. 어떤 사람들은 어떤 부분을, 다른 사람들은 다른 부분을 판단하고, 그들 모두는 그 전체의 것들을 판단하기 때문이다.(1281b1~9)

(1)과 연관된 다수가 참석하는 잔치에 대한 언급은 헤시오도스에게서 나온다. "모두가 참석하는 곳에서는 기쁨은 가장 크고 비용은 가장 적은 법이오."(헤시오도스,《일과 나날》722행) 이 '잔치의 비유'는 조금 뒤에 가서 다시 등장한다. "많은 사람들이 이바지한 잔치가 단순하게 한 사람이 이바지한 잔치보다 더 나은 것처럼 말이다. 이러한 이유로 군중도 어떤 한 개인보다 많은 것들을 더 잘 판단할 수 있

다."(1286a29~31)

(2)와 비슷한 유비가 또 하나 나온다. (2)″ "어떤 사람이 두 눈과 두 귀를 가지고 판단하면서 두 발과 두 손을 가지고 행위 할 때, 여러 사람들이 여러 개[의 눈, 귀, 발, 손]를 가지고 볼 때보다 더 잘 볼 수 있다면, 이는 아마도 이치에 맞지 않는다고 생각할 것이다."(1287b25~29; 플라톤, 《법률》 795C 참조)

(2)와 (2)″에서의 여러 개의 손과 발을 가진 '괴물'의 비유는 무엇을 의미하는 것일까? 플라톤은 이미 다중을 '크고 힘센 짐승'으로 비유한 바 있다(《국가》, 453A). 플라톤은 그림이나 음악, 정치에 관련된 어떤 물음이든 간에 이 커다란 괴물의 의견을 좋지도 아름답지도 않은 가소로운 것으로 간주했다. 그렇다면 이 비유는 플라톤의 다중의 경멸에 대한 아리스토텔레스의 반발일까? 나아가 아리스토텔레스는 이러한 다수성이 도덕적, 지성적 재능에까지 확장될 수 있다고 말하고 있다. 여기서 ta ēthē와 dianoia는 바로 앞에서 언급된 aretē와 phronēsis의 반복에 지나지 않는다.

여기서 다수에 '집단적으로' 할당하고 있는 '덕'과 '슬기로움'(실천적 지혜)이 개별적인 '훌륭한 사람', '좋은 사람'에 적용되는 그만한 도덕적 능력에 해당하는가 하는 문제가 발생할 수 있다. 정치가는 시민과 달리 도덕적 덕 외에도 '명령을 내리고 결정을 할 수 있는' 실천적 지혜를 가져야 한다는 그의 주장을 고려해 보면(1277b25), 다수가 갖는 덕의 평가 기준은 한 개인의 우월성에 비해 낮은 단계에 머무는 듯 보인다. 그럼에도 아리스토텔레스는 다수가 "덕과 슬기로움의 부분만을 갖지만", 다중이 한 사람처럼 되었을 때에는 "그들의 성품(성격; ta ēthē)과 현명함(생각; dianoia)"에서 한 사람처럼 될 수 있다고 주장한다. 여기서 프로네시스의 '부분'인 dianoia는 다른 '덕'에 이끌림이 없이 행위하는 deinotēs(영리함)와 유사해 보인다.

아리스토텔레스가 이 대목에서 주장하는 핵심은 무엇인가? 인식론적 다양성에 근거한 판단보다는 행위자의 덕이 집합적으로 모아지면 덕을 가장 많이 가진 사람보다 덕을 더 잘 발휘할 수 있다는 것일까? 우리는 이것을 다수의 지혜가 소수보다 나을 수 있다는 인식론적 근거를 뒷받침하는 비유라기보다는 다수에게 가장 관련이 있어 보이는 '정의'와 '용기'와 같은 덕은 혼자서보다 집단에서 더 잘 발휘될 수 있음을 말하는 것으로 이해해야만 한다.

공동체의 구성원이라면 나름대로 어느 만큼의 덕과 프로네시스를 원천적으로 가지고 있으며, 다수에게서 그것이 더 잘 발현될 수 있지 않겠는가? 전쟁터에서 군인의 용기를 생각해보라. 광화문 촛불 광장에서의 불의에 항거한 시민의 용기와 정의를 생각해보라. 한 사람의 뛰어난 장군보다 많은 수의 군인이 부족하지만 적절한 만큼의 용기를 가지고 있는 것이 전쟁에서 더 효과적이지 않겠는가? 용기의 한 부분을 가진 사람들이 한데 모였을 때, 그 용기에 의해 고무되어 집단으로서 서로에게 용기를 북돋아서 더 잘 행위하도록 유도한다.

이런 정도의 의미에서 어느 정도의 '덕'을 동반한 다수가 더 효과적으로 정치적 행위를 수행할 수 있음을 주장하는 것으로 그의 입장을 해석해야 한다. 게다가 ta ēthē와 dianoia 그리고 aretē와 phronēsis가 다수의 인식론적 태도보다는 '덕'에 관련된 사항임을 보여주는 것이기 때문이다.

요약하자면, 개인 개인을 고려하는 경우에 사람들 각자는 최선의 인간보다는 열등하지만, 시민을 집단적 숙고를 할 수 있는 하나의 통일체, 하나의 유기적 전체로서 생각해볼 때는 전체로서의 인간들이 더 낫고 지혜롭고, 더 나은 결정을 할 수 있다. 각 사람이 가진 경험, 지식, 판단, 통찰은 '집단적'으로 종합될 수 있기 때문이다. 그렇지만 최선의 인간은 단지 그 자신의 한계적 능력에 의존할 수밖에 없다. 한 인간의 능력은 무한정할 수 없을 테니까.

다중의 지혜 논변은 증명이 아닌 설명

제3권 제11장에서 사용된 유비들과 예들, 그리고 '여러 사람이 음식을 기부하는 잔치'는 결코 '다중의 집합적 지혜' 논변을 결정적으로 지지하지 못한다. 그 논변의 결론도 역시 확증해주지 못한다. 다만 아리스토텔레스의 의도는 이러한 유비의 예를 통해서 '다중의 집합적 지혜 논변'이 무엇을 의미하는지를 보여주고, 그 논변 자체를 우리에게 설득하고 이해시키려는 목적에 있었던 듯 보인다. 유비는 논증적 주장을 강화할 수 있지만《수사학》, 1405a5), 이 유비 논증은 다수가 일반적으로 최선으로 지배할 수 있다는 증명proof이 될 수는 없다. 그것은 '어떻게 그리고 왜' 다중이 '더 나은 심의적 집적'을 이루어낼 수 있을지에 대한

'설명'만을 제시할 뿐이다. 다중의 집합적 지혜 논변은 우리에게 친숙한 사실들에 의존하고 있음을 보여주며, 다중이 객관적 판단을 내릴 수 없을 만큼 타락하지 않았다면 다중은 그들에게 친숙한 사람들의 성격을 파악하고 또 그들의 행동에 대해 평가할 수 있다는 점만을 보여주고 있기 때문이다. 그래서 그것은 우리에게 이미 친숙한 문제들에 대한 다중의 평가가 어떤 한 사람의 판단보다 더 올바를 수 있다는 그 '가능성'만을 보여준다.

아리스토텔레스가 들고 있는 예들과 유비들은 폴리스에서 일어나는 정치적 현상들도 인간 삶의 일반적 특징들의 일부임을 인식하도록 우리를 도와주고 있다. 따라서 아리스토텔레스가 든 그런 예들과 유비들이 인간 삶의 다양한 현상들에 대한 하나의 이해적 도구로서의 역할을 수행하는 것으로 이해하는 편이 더 적절하겠다. 일상적 경험에 비추어볼 때, '집단 지성'이 단일한 우월적 지성보다 그 결과를 성취하는 데에 더 효과적인 분야는 단지 정치 영역에만 국한되는 것이 아니기 때문이다.

다수의 의사 결정은 소수의 지배보다
더 안전한 '파스칼의 내기'

　다중의 집합적 지혜 논변을 이상적으로 지배되는 정치체제에서도 작동되는 원리로 받아들여야만 하는가? 이 물음에 아무리 긍정적 답을 보내도, 다중보다 정치적 탁월성과 윤리적 덕이 더 뛰어나고, 통찰력과 경험에서 다중을 능가하는 사람들이 있을 가능성은 여전히 배제하지 못한다.

　이러한 특출하게 뛰어난 개인이 없는 경우에 폴리스는 어떤 종류의 정치체제를 구비해야만 하는가 하는 질문을 제기할 수 있다. 아리스토텔레스는 '완곡하게' 어떤 상황에서 한 사람에게 결정 권한을 주는 것보다 다중에게 그 권한을 넘기는 것이 더 나을 수 있다는 점만을 보여준다. 그의 '다중의 지혜 논변'이 일상적 경험에서 집단 지성이 소수의 지성보다 더 나을 수 있다는 점을 '보여주는'deiknumi 데는 성공적이라 평가할 수 있으나, 집단적 지혜가 형성되는 '인식론적 토대', '그 과정'에 대한 논리적 근거가 빈약하다는 점에서는 그 약점을 지니고 있다.

　'하나의 척도가 되는 유일한 정치적 지식', '유일한 인식론적 기준'이 있다면, 플라톤의 우아하고 인간성이 결핍된

'철학자-왕'처럼, 또는 보편적 지식을 두루 완벽하게 갖춘 자처럼, 누군가는 그것을 더 잘 알 수 있을 것이며, 더 잘 아는 자가 언제나 지배해야만 할 것이다.

아리스토텔레스의 다중의 집단 지성 논변은 플라톤식의 독점적 지배를 결단코 거부한다는 측면에서, 직접적으로 정치에 참여할 수 있는 온갖 수단이 만개한 오늘날에 다수 시민에 의한 '정치적 지배'에 대한 정당성을 부여해주는 것으로 생각된다.

우리는 쉽사리 시민적 삶의 정치적 영역에서 '더 아는 자'가 누구인지도 모르고, 어떤 전문가가 다른 시민의 합리적 비판을 넘어설 수 있는지도 알 수 없다. 오히려 더 신뢰할 수 있는 것은 다중 속에서 특정한 개인이나 특정한 그룹이 아니라 전체로서의 그룹일 수밖에 없다. 서로 다른 전문가들의 특정한 그룹이 상이한 문제들에 대해서 최선으로 알 수 있다고 해도 그들이 전문적 지식의 경계를 넘나들 수 있을 만큼 더 잘 알 수 없다면, 여전히 집단 지성의 힘은 약화될 수 없다. 음성 인식의 전문가가 목소리를 통해서 범인을 색출해낼 수 있는 특출한 지식을 가졌다고 해서 범죄가 일어난 그 상황의 복잡성을 더 낮게 판단할 수는 없다. 그 상황에서 더 낫게 판단할 수 있는 다수의 경험과 관찰이 있을 수 있기 때문이다.

매우 특수한 특권적 지위를 누리면서 독점적 권력을 행사하는 소수의 전문가들이 행하는 재판의 경우(대법원)를 생각해보라. 왜 우리는 상식에 호소하고, 일상적 경험을 더욱 포괄할 수 있는 다중보다 그들의 판결을 더 신뢰해야만 하는가? 소수인 그들의 판결이 더 낫다는 인식론적 근거와 토대는 무엇인가? 배타적 권한을 특정한 소수에게 부여하는 정당성은 무엇인가? 그 정당성의 근거를 다중에게서 찾는 것이 더 쉬울지 모른다. 바로 이 점을 아리스토텔레스는 다중의 지혜 논변을 통해서 지적하고 싶어 했을 것이다.

게다가 그 문제가 공공의 좋음이고, 정치체제의 정치적 지향과 같은 문제들이라고 한다면 무엇을 더 말하겠는가? 이런 문제들이라면 아테네 민회가 허용했던 이세고리아 (is□goria, '연설의 동등한 권리')가 모든 시민에게 열려 있어야 할 것이다. 아테네인들이 이세고리아를 허용했던 이유는 어떤 사안들에 대해서는 전문가가 있을 수 없다는 것을 깨달았기 때문이었다. 이런 사정을 고려해보면, 나에게는 민주주의를 평가하는 다른 이유들과 무관하게 다수에 의한 민주적인 의사 결정은 소수의 지배보다 더 안전한 '파스칼의 내기'*로 생각된다.

* 신의 현존과 무관하게, 이 세상에서 신을 믿는 것이 신을 믿지 않는 것보다 더 큰 이득이 될 수 있다는 확률 게임.

찾아보기

아리스토텔레스 정치학

2018년 12월 19일 초판 1쇄 | 2022년 8월 4일 3쇄 발행

지은이 김재홍
펴낸이 박시형, 최세현

마케팅 양근모, 권금숙, 양봉호, 이주형 **온라인마케팅** 신하은, 정문희, 현나래
디지털콘텐츠 김명래, 최은정, 김혜정 **해외기획** 우정민, 배혜림
경영지원 홍성택, 이진영, 임지윤, 김현우, 강신우
펴낸곳 (주)쌤앤파커스 **출판신고** 2006년 9월 25일 제406-2006-000210호
주소 서울시 마포구 월드컵북로 396 누리꿈스퀘어 비즈니스타워 18층
전화 02-6712-9800 **팩스** 02-6712-9810 **이메일** info@smpk.kr

ⓒ 김재홍(저작권자와 맺은 특약에 따라 검인을 생략합니다)
ISBN 978-89-6570-742-4 (04080)
ISBN 978-89-6570-652-6 (세트)

쌤앤파커스(Sam&Parkers)는 독자 여러분의 책에 관한 아이디어와 원고 투고를 설레는 마음으로 기다리고 있습니다. 책으로 엮기를 원하는 아이디어가 있으신 분은 이메일 book@smpk.kr로 간단한 개요와 취지, 연락처 등을 보내주세요. 머뭇거리지 말고 문을 두드리세요. 길이 열립니다.